霊魂と共に生きる

井阪秀高
Isaka Hidetaka

東方出版

まえがき

現代はいろいろな宗教思想が混在し、さらに新たな宗教も生まれています。この中で霊魂観の混乱が発生しています。また、科学の発展により霊魂や神を否定する考え方も増えています。また、憲法二十条第三項による公的機関での宗教教育や宗教活動の禁止から、宗教に関して議論することを悪とみなす風潮さえあります。

しかし、日本の文化がアニミズム、神道、仏教といった様々の宗教を元にして発達し、日本特有の芸術もそこから生み出されてきたことは事実です。また、昔はお寺の坊さんが子供たちに仏教の考え方を教えていたため、昔の人々は何らかの霊魂観や神・仏による慈悲・慈愛の概念を持っていました。さらに神・仏が常に自分を見ていると考え、人が見ていない隠れた所でも道徳心を持っていました。

霊魂観の混乱や霊魂の否定は最近になって急に発生した現象です。この結果かどうかはわかりませんが、日本では平成二十八年の統計で、自殺者が年間約二・二万人、十万人当たりの自殺者は一七・八人と、やや減少傾向にあるものの、世界的に見て高い自殺率を維持しています（自殺率が日本を超える主要国は、韓国、インド、ロシア、中国など）。

ヨーロッパ諸国では、公立学校でも自国の文化としての宗教史やキリスト教の考え方を教えます。さらに高等学校では哲学も教え、霊魂について考えさせます。例えばフランスでは一時期日本同様に公立学校での宗教教育を完全に禁止したことがあります。この結果、カルト宗教の発生、自国文化を国民が説明できなくなるなどの弊害が発生しました。そこで、その対策として今では文化・哲学の一つとしての宗教を教えています。

日本でも、特定の宗教によらない様々な霊魂観、日本古代からの宗教史、宗教と芸術とのかかわりについて教育する必要があると思います。

本書は、様々な世界の霊魂観を紹介し、さらにその中での日本の霊魂観の歴史を探ります。これによって古代からの日本人の霊魂に対する考え方を、もう一度現代に蘇らせたいと考えます。さらに、心に苦しみを持つ人に対して、日本人の知恵としての昔の人の心を癒す考え方を伝えたいと思います。また、霊が見えたり霊を感じたりすることに悩んでおられる人々も多くおられます。このような方々に対しても、その悩み解消のためのアドバイスを試みたいと思います。

本書は著者が多くの人の悩みの相談を受け問題解決をサポートした経験を十年間書き続けたメモから編集したものです。なお、文献から参照したところは、その都度参考文献を記載しました。

目次

第一章　霊魂の考え方の問題点と対処

一　現在の霊魂の考え方の課題

高い自殺率

「まえがき」にも書きましたが、現在日本では自殺者は年間二万人を超え、やや減少傾向にあるものの世界的に見て高い自殺率を維持しています。これは精神的な教育の機会を失い、精神的な苦しみに対する心の対処を知らないことが原因だと思います。

例えば輪廻転生を信じる地域・国では自殺率が高い傾向にあります。自殺をして一旦あの世に行っても、再度生まれ変わってやり直せるという考え方から自殺するのでしょう。しかし、輪廻転生が存在するかどうかはわかりません。また、輪廻転生を説く仏教でも自殺は仏法に反する行為です。前世の存在や輪廻転生だけが強調されると自殺が苦しみから逃れる手段の一つと勘違いされます。

霊能力への信仰

また、科学万能主義によって霊魂が否定され、霊魂を考える機会がなくなったために、一般の人には無い霊能力を見れば、それを過信してしまうことも考えられます。例えば誰も知らないことを言い当てる人がおれば、その人には何か特別な能力があると勘違いして、その人への崇拝が発生します。それがカルト宗教や霊感商法等に発展します。

カルト宗教や霊感商法の問題

カルト宗教の特徴は、指導者の崇拝、信者拡大活動、絶対的真理の主張、善・悪基準の絶対化などがあげられます。カルト宗教に入れば、そこでの教義こそが絶対と信じ込まされます。場合によっては、神の憑依・超能力等の心霊現象を利用して信者に信じ込ませることもあります。苦しむ人に先祖の祟り、悪霊憑依で脅して商品を売る霊感商法もあります。占い・除霊・浄霊儀式に高い報酬を要求することもあります。

こういったカルト宗教や霊感商法の勧誘者は、心に苦しみを持つ人の悩みごとの相談に乗り、温かい支援をして勧誘します。しかし彼らは慈悲や慈愛や許しというよりも入信者数や販売数のノルマ達成の意図が強くなっています。

また、霊感がある人に対しては、心霊現象のパフォーマンスを利用してリーダーの霊感レベルが高いことを信じさせて勧誘します。

霊に関する情報の問題

テレビや本やインターネットのホームページには霊に関する情報が多くあります。最近テレビ局が自粛するようになりましたが、以前は他人にはわからない情報を霊視で当てるパフォーマンスがあったり、心霊スポットでの浮遊霊を解説して恐怖心をあおりたてたりする番組がありました。こういった情報は、不思議な現象をすべて霊的な現象にしてしまっていることに問題があります。これについて次に考えてみます。

二　心霊現象の問題点

現在世の中で霊的な現象とされるものには、霊魂の考え方を導入しなくても説明できることが多くあります。ところが、不思議な現象はすべて心霊現象で説明され、霊魂に対して間違った考え方が広がっています。

そこで、あくまでも筆者の経験に基づく意見として、ここにいろいろな心霊現象を解説します。

臨死体験

人が亡くなれば人間の肉体から魂が抜けだします。これを幽体離脱と言い、もしもこの人が生き返った場合、その人の体験を臨死体験と呼びます。臨死体験では、魂が体から抜け出して上昇し、自分の体を上から眺め、その後周辺を浮遊します。回復する場合は、急に魂が体に戻ったようになります。

また、臨死体験に多いのは三途の川に至ることや、すでに亡くなった人に出会うことや、光に満たされることです。しかし私の学生の時の体験では、三途の川や光は無く、地の底に吸い込まれ、記憶も、自分という存在も、すべて消滅していく感覚でした。状況によって体験が異なり、必ずしもすべての人が同じ体験をしません。臨死体験については脳の化学的変化によって幻覚を見ているとする説等多数あり、肉体と魂の分離によるものかどうかは不明です。

ところで、完全な記憶喪失があります。私はこれを体験しましたが、自分の名前も、家族も、今までの経験も、すべて記憶から消えました。もしも記憶が魂にもあるなら、魂の記憶で自分のことや家族がわかるはずです。記憶が消えるということは、魂には記憶は存在しないということです。

このように魂に記憶が存在しない以上、人が亡くなって脳が完全機能停止するか焼かれてしまい、魂が霊になれば、霊にも記憶は無いはずです。その霊がすでに亡くなっている人に出会っても、また家族が集まっているのを見ても、誰のことかわかるはずはありません。臨死体験と矛盾します。従って、臨死体験とされる現象は、霊魂の体験ではないと思います。

但し、完全な記憶喪失でも、記憶喪失前の経験で得られた能力は連続して存在し、性格も変化しませんでした。従って、霊は生きていた時に得た能力や性格を引き継ぐと思われます。記憶喪失状態から記憶を取り戻す過程は、まわりの人々の協力で記憶を再構築していきます。亡くなった人の霊も同じだと思います。

脳の運動神経部分やそれに繋がる肉体が睡眠し、脳の意識部分と眼球の感覚器官が覚醒している状態を「レム睡眠」と呼びますが、この時でも、魂が肉体から抜けだすような体験をします。この時、まず肉体が自分の意識に従って動かなくなる「金縛り」と呼ぶ現象が生じます。その後自分の体から魂が抜け出て周囲を徘徊するような体験をします。これは私も経験があります。しかしこれは魂が肉体から離脱して生じるのではないと思います。レム睡眠時には現実味を帯びた夢を見ますので、この夢を霊が抜け出たことと勘違いしていると思います。なお、このような状態に入ると体力を落としてしまうので、この状態は避けるべきです。レム睡眠は寝不足や体が極度に疲れた状態で生じるため、これを防止するには、普段からよく睡眠をとるようにしなければなりません。またレム睡眠によって金縛りにあえば、すぐに自分の意思を強め、その状態から早く脱出するようにしてください。

正夢や未来予知

正夢は夢で見たことが実際に起こるということですが、夢の通りではなく、未来生じることのヒントになる夢もあります。正夢の特徴は夢の内容を詳細まで覚えており、支離滅裂な内容ではなく論理的に繋がっています。睡眠中に脳が今まで得た情報の整理を行っており、その時に今まで気がついていなかった重要情報を発見して正夢になることがほとんどです。

未来予知は直感で未来に生じることを知ることですが、正夢同様に、ほとんどは事前に予知に関する何らかの情報を得ており、その情報を無意識のうちに脳で整理しています。

しかし、脳の情報整理では説明できない現象も中にはあります。私の経験ですが、ある時、長年会っていない知人が亡くなりかけ、私の魂がそこに飛んで行って救い出す夢を見ました。この体験は異なった人に対して二回ありました。それぞれ後で確認すると、一人は確かにその時に病院のICU（集中治療室）に入って危篤状態にあり、白い魂が飛んできたとのことでした。また別の人は、確かにその時に死にそうになって苦しみ、白い魂が守っていたということでした。いずれの人も今は元気にされています。夢で見たことと実際あったことの日時が完全に一致し、特に一人目は私には病気である情報さえもありませんでした。

このように、情報皆無であるにもかかわらず、日時や詳細情報まで正確に夢で見るということは、脳による情報整理で説明がつきません。

正夢以外に、無意識の時に未来を知ることもあります。私の経験ですが、私が相談者の未来に生じることを無意識に言ってしまい、後からその相談者から、「教えていただいたことがその通りになった」と言われて感謝されたことが度々ありました。無意識であったので、私が何を言ったのかさえも覚えていませんでした。

また、座禅などで思考や感情を無の状態にすると、座禅中に正夢のようなものを見ることがあります。未来予知も無意識の状態での夢だと思います。

例えば草食動物に敵であるライオンが風上から音もたてずに近づいたとき、それに気づいて仲間に知らせる動物がいます。また、地震を予知して逃げ出すネズミもいます。これらは動物本能としての勘であり、無意識状態で勘が働くと思います。人間にもこういった動物的勘や直感が働く人がいてもおかしくはありません。なお、科学的な情報に基づいて論理的に考えて未来を予測することも可能です。これは直感や霊感ではなく科学的な手法です。但し、科学の発明や発見であっても、先に直感で気がつき、後から論理思考によって直感で得たことを理屈付けすることが多くあります。このように、科学の世界でも動物的勘や直感を普通に使います。

ところで、この動物的勘や直感がすべて脳による情報処理かどうかは不明です。今まで与えられた情報とは何の因果関係もない、あるいはまったく経験したことのない情報を知らされることについては科学では説明できません。

木や花の精との会話

木や花の精との会話は脳による幻覚症状と言われます。但しすべてが幻覚かどうかはわかりません。
私は学生から社会人までの八年間、地質調査として、常に一人で何カ月も山の中にこもり、獣道や藪の中を歩き回っていました。この時話し相手がいないので、いつも木や花の「精」と話していました。他の人から見れば精神異常者のようであったと思います。

この時、木や花の「精」から毒蛇が足元にいることを知らされ、毒蛇にかまれなくてすんだことがあります。また、一面真っ白な雪山で迷ったことがありましたが、木や花の「精」から、そこから脱出する方法を教えられました。また、何かに話しかけられ、振り向けば小さな花があったこともあります。

このように木や花の「精」から教えられて危険回避したのも動物的勘かもしれません。あるいは魂に関係する現象かもしれません。毎日話し相手がおらず、常に一人で自然界の危険と隣り合わせであったことが動物的勘を強くしたのかもしれません。

また、崖を上っている時、掴んでいる大きな岩と一緒に、岩場に落ちたことがあります。しかし掴んでいた岩が下になり、砕けてクッションになって助かりました。普通であれば岩に挟まり命を落とすところでした。私は、山の神様や、いつも話し相手になっていた木の精が助けてくださったという感覚で、感謝でいっぱいでした。

透視

透視とは、わかるはずのないことを見えているかのように言い当てることです。本人にしかわからないことを言い当てる場合、本人との会話やしぐさや表情などから類推する方法と、事前に情報を得ておく方法があります。特に会話から言い当てる場合、抽象表現の質問に対して本人が具体的に答え、それを復唱して透視としている場合があります。

これらは霊能力と関係ありません。問題解決を目的とせず、霊能力があることを信じさせるためのパフォーマンス目的で実施されることが多いのです。またパフォーマンス目的ではないのですが、霊能者とされる人が無意識の中で類推しながら言い当てている場合もあります。

透視のほとんどは以上のような見せかけですが、中には本物と考えられる場合もあります。事前情報や会話もなく、いきなり事実を詳細まで具体的に言い当てる場合です。また、何の情報も無いのに、遠隔から急に人の危機を察知することもあります。本物の透視は正夢や未来予知で述べた動物的な勘や直感と同じであり、人の危機を回避させるための重要事項です。論理思考が働いてしまえば、それは思考の結果であり、透視とは言えません。

私の経験では、誰に対してでも透視ができるわけではなく、透視する人と透視される人が同じような悩みや問題を経験し、心や魂が通じ合う場合には透視ができます。

ところで能力には実質効果が必要です。役に立たない情報はいくら正しくても意味がありません。無駄な透視は避けなければなりません。また、能力をパフォーマンス目的で使うことは仏典の中でお釈迦様が厳しく禁止しています。例えば仏弟子のビンズルさんが自分の神通力を民衆に見せて民衆に仏教を弘めたところ、お釈迦様がそれを厳しく叱っています。

除霊などによる症状緩和や治療

除霊などによる病気の症状緩和はほとんどがプラシーボ（偽薬）効果だと思います。昔、メリケン粉のような治療効果が無い粉を病気の特効薬と信じ込ませて患者に服用させたところ、病気が治ったという現象があり、これをプラシーボ効果と呼びました。そこから薬の服用だけではなく、病気が治ると信じた場合の症状緩和や治療効果も含まれるようになりました。怪我をして泣いている子供に母親が「痛いの痛いの飛んでけ〜」と言って傷に息を吹きかけ、そこをさすってあげれば子供が泣き止むのも同じです。このように、症状緩和や病気治療に人間の精神が大きく関わっているのは事実です。

除霊・浄霊や手をかざすなど、相手が認識できるように儀式を行って治療を信じ込ませる場合、ほとんどは、このプラシーボ効果が働いていると思います。私はプラシーボ効果を使って症状緩和や病気治療することは良いことだと思います。但し病気が治った人は治療者を神様のように思い込んでしまう危険性があります。治療者はあくまでも謙虚にふるまう必要があります。

また、除霊によって症状が緩和したとしても、病気治療は病院での科学的治療を優先すべきです。除霊・浄霊だけに頼ると危険です。もしこれが本当だとしても、あくまでも緊急対応だけであって、根本治療にはならないためです。

気功の「気」

気功で人を倒すのは、霊魂とは関係のない武術だと思います。病気を治す「気」とは異なります。

病気を治す気功の「気」は東洋医学に基づいて使います。ここでの「気」は免疫力、新陳代謝の力、バランスの良い栄養吸収や血液による栄養運搬能力、酸素の吸収と細胞への配分と炭酸ガス排出能力、自律神経や運動神経など神経系の電気の流れ、血液の流れ、細胞の水分の循環等のことです。ストレッチの方法や、脳下垂体・視床下部を活性化させる方法でホルモン分泌を活性化させ、自律神経を調節する方法や、免疫力をつけるように腸を活性化させる方法等がありま す。これらは科学的な方法で、現代医学と矛盾はありません。

身障者の動物的勘や直観

私の父は生まれつき片目を失明、もう片目の視力〇・一の身体障害者でしたが、剣道三段で健常者との試合で勝つほどでした。ある時、父からの指示で私が竹刀で父の面を打ちに行ったことがあります。すると一瞬で竹刀を飛ばされました。片眼であれば物理的に遠近感は取れず、さらに、もう片眼はぼやけてしか見えないはずです。父は、「見えるがゆえに見えていない」と言い、私は父から武道での「気」を教わりました。父の場合、隠れている人でも気配としてわかるそうです。これも一種の動物的勘や『心の目で見る』という意味の直観かもしれません。

相談者の前世やその因縁

第二章で詳細を述べますが、そもそも前世や輪廻転生の概念はヒンズー教や仏教の概念です。キリスト教、ユダヤ教、イスラム教では輪廻転生を否定しており、考えられません。前世や輪廻転生を否定する文化では、前世の因縁はあり得ない現象であり、悪魔の仕業ともされます。旧約聖書のヨブ記でも、ヨブの受けている不幸に対して神官が「不幸は前世の因縁が原因」とか「信仰不足が原因」と言ったことに対して、神が非常に怒っておられます。これによると、人の不幸は人間の因縁ではなく、神の御意思や神と共にある自然法則によって生じることがあります。人間は神や自然法則やその因果関係を知らないのに、人間が勝手にその人の因縁と決めつけることこそが間違っているとしています。因縁で不幸を説明する人は神から見で神の代弁者ではなく、神の存在や神による摂理を無視した人間中心の考えであり、神への冒涜というわけです。

仏教では輪廻転生を説きますが、仏教でも前世や輪廻転生に囚われて考えてしまうことを否定しています。例えば前世の因縁について議論するバラモン僧に対して、お釈迦様は「今ここに毒矢の刺さった患者がいるとする。この患者を治療するのに、飛んできた矢のスピード、毒の成分や量、矢が放たれた原因・方向等を議論しておれば、その間に患者は死ぬ。なのになぜその議論をするのか。それよりもまず矢を抜き、毒を抜くなどの応急処置をしなければならない。私は今これについて話し、行動している。」と答えました。

また、人の行動や不幸な出来事に対して、その人の前世の因縁を考えてしまうと、それがその人を卑下する考えに発展してしまいます。お釈迦様はこれについても、「これによって人を卑下するような考えを持つこと自体が罪深い。」と答えました（出典：マッジマ・ニカーヤ）。即ち因縁に囚われることこそが心の苦しみを生むという考え方です。私は、この考え方が正しいと思います。

また、仮に前世の因縁が今の自分の運命に影響しているとして、前世にはいろいろな人がいたはずです。職業も様々だと思います。また人間以外の動物であったこともあるでしょう。それらすべての因縁が影響しているはずです。それに対して特定の前世の因縁だけで説明してしまうと、その前世に囚われてしまい勘違いします。これも問題だと思います。

パワーストーンやパワーのある物

例えば美しい宝石は精神的な癒し効果があります。美しく光る宝石を身につけていれば自分を目立たせる効果もあります。その意味で宝石はパワーを持ちます。なお、宝石であっても人によって好き嫌いがあり、他人の意見よりも自分にとってパワーを感じる物を探す方が良いと思います。

この他、人々が精魂込めて作った物には歴史や人の努力を感じさせるというパワーがあります。地球の歴史や自然の驚異を感じさせる自然石もあります。神聖な場所や人々が祈りをささげていた場所にあった物は、清らかな印象を持ち、心を癒してくれます。有名人が「パワーがある」と言ったことでパワーを信じ、信じた通りのことを感じることがありますが、これは暗示作用だと思います。

パワースポット

パワースポットもパワーストーンと同様、美しい景色は人の心を癒します。その景色が見える場所に心を癒すパワーがあるといえばその通りです。

このようにパワーを感じる場所は絶対的ではなく、人により異なります。例えば遊園地が好きな人は遊園地、商店街や百貨店が好きな人は商店街や百貨店がパワースポットです。吉本新喜劇の劇場もパワースポットです。有名な神社仏閣の境内だけとは限りません。自分の好きな場所を見つけることです。できるだけ身近な場所にパワースポットを見つけ、そこへできるだけ散歩に行けば、健康の効果もあります。

有名人が「パワースポット」と宣伝しているところも、その有名人を信じている人にとってはパワースポットになります。これも一種の暗示作用です。

心霊スポット

心霊スポットに霊がいるかどうかはわかりません。しかし薄気味悪いという環境条件から幽霊の幻覚が生じやすくなります。どのような霊能者でも恐怖の感情が強くなれば幻覚が生じ、霊視と区別できなくなります。幻覚が生じると、それに囚われてしまい、精神的に霊に憑かれたような感覚になります。従って霊を感じる人ほど避けるべきです。

オーラ

オーラは最近生まれた概念です。昔は霊能者でもオーラのことを言う人はいなかったはずです。オーラとは元々人の雰囲気を表す言葉だったのです。例えば「紳士のようなオーラを発する人」といった具合です。また、古典絵画では聖人にオーラの光を描き、仏像には光背をつけていますが、これらは「神々しさ」を光で表現したものです。

オーラに色がありますが、これはあくまでもその人の雰囲気を色で象徴した結果だと思います。例えば目立つ人は金色のオーラを放つと言います。面白い人は黄色です。重厚な感じの人は黒です。人の雰囲気ですから当然その人が存在する環境によってその人の性格が変わり、オーラも変わることになります。例えば職場で働くときと家でリラックスしている時でオーラは違っているはずです。オーラを、第三者から見た自分の雰囲気として解釈すれば、効果があります。

人の心の状態をオーラの色によって直感でとらえるのも一つの能力だと思いますが、すべての霊能者がオーラによって人の心の状態をとらえているわけではないと思います。

オーラ写真

オーラ写真は、写真を撮るたびにオーラの色や形が変わるはずです。例えばパワーストーンを持てば色が変わるといいますが、パワーストーンに関係がないはずです。

人体には静電気があります。静電気があるために指でスマホを操作できます。オーラ写真の正体ですが、私は人体の静電気によって集まる電気を帯びた微粒子やイオンを増幅したものだと思います。これら微粒子は人体や衣服の静電気の分布だけでなく湿度、温度、大気圧等の影響も受けます。また、体を動かすだけでも空気中の微粒子の分布は変化すると思います。それで、写真を撮るたびに変化すると思います。

なお、オーラ写真は暗示作用として人に自信をつけさせる効果があり、そのための利用と割り切れば効果抜群です。

狐憑《つ》きやエクソシスト

狐憑きやエクソシスト等は、例えば脳機能の障害など、医学的な問題だと思います。

火の玉

火の玉は人の霊ではないと思います。遠くの光や、浮遊する綿状の種等に光が反射したものを火の玉と勘違いすることがあります。あるいは積乱雲が発達して低空に降りてきた場合、地上の墓石のような固くて突き立ったものにはプラスの電荷が集まり、そこに空中のマイナス電荷の微粒子が集まってその間でプラズマの光が発生し、火の玉のようなものができることがあります。

ポルターガイスト現象

ポルターガイスト現象とは、何かが動いたり、音が鳴ったり、発光したりする心霊現象のことです。この現象は霊が起こしているとされます。過去にはトリックが多かったようです。

霊が物質でないため、ポルターガイスト現象の原因を霊とすることは、物理的には説明不可能です。例えば霊にパワーがあるとしても、それは物理量としてのエネルギーではありません。物理的エネルギーが無ければ、物質を動かすエネルギーは生じません。私は微小な振動現象が不安定な物の揺れを増幅させて動く場合や、建物のどこかでひずみ（力が集中してゆがむ現象のこと）が生じ、そのひずみが急に解放されることで生じるものがほとんどだと思います。私の自宅でも、神棚が勝手に移動することがあります。これも微細振動が増幅して移動現象が生じたのであり、心霊現象ではないと思います。

スプーン曲げ

スプーン曲げは私も簡単にできます。すべてのスプーンを一瞬で壊したことがあるので、家では禁止されています。コツだと思っています。

ダウンジング

ダウンジングとは、地下水や鉱脈等を振り子やL字型の棒の動きで見つけることです。私はダウンジングには無意識の操作が入っていると思います。あくまでもダウンジングする人の勘を増幅させ、形で表現していると思います。

神様や霊から受けた言葉

神様や霊からの言葉は、ほとんどは正夢や木や花の精との会話と同様に、脳による情報整理であったり、脳による幻覚であったりすると思います。但し脳の作用で説明がつかないこともあります。これについて私の経験と共に記述します。

私の子供の頃は自閉症で人と遊ぶことができず、いつも一人でいました。このためいじめられたことがあります。また、他の子がいじめられているのを見れば、それを助けるために一人でいじめている子供たちと戦ったこともあります。この時は、どこからともなく聞こえてくる声といつも話をしていました。そしてこの声の主を私は「私の神様」と呼んでいました。声の主は一つではありませんでした。また声の主の正体は神様なのか守護霊なのか前世なのか自分の幻覚なのかはわかりませんでした。

また、子供のころから中学生まで、いろいろな病気にかかり、大学生の時には長期入院しました。

自然の中で一人になることが好きであったため大学は地質学を専攻し、また就職先も災害予防や災害復旧目的の地質調査の職業でした。先に記述したように一人で山にこもって調査しました。すると、地すべりなどの自然災害を「私の神様」から教えられました。そこで、これを数学的に説明付けした報告書を作成し、これによって地すべり対策がなされました。但しすべての地すべり災害を予防できたわけではありません。自然災害を予知して報告書を作成しても、予算がつかず放置されたことがありました。結果、地すべり災害が発生して多くの人が亡くなり、非常に悔しい思いをしたことがあります。

この後、ＮＥＣの系列会社に転職しました。私は電子工学も数学の専門知識を習ったことがありませんでした。しかも高校まで数学は苦手科目でした。しかし就職後、コンピュータの計算理論に関する「私の神様」からの声と数学式の提示があり、これに従って学会発表したのです。結果スーパーコンピュータの高速計算方式の一つとなって数学計算部分の開発リーダーになったのです。さらに関数計算や大規模計算の理論を学会発表し、災害を予測するシミュレータとしての大規模計算の数値計算部分開発リーダーになりました。すべて「私の神様」からの声や数学式の提示によって教えられました。これらの成果によって海外にも認められ、国際的な学会誌の編集委員になりました。

その後、ＮＥＣグループの製品品質管理の指導も任されるようになりました。

ある時、「私の神様」から会社を辞めて独立するよう、大きな声で命令されました。私は重要な仕事を任されていたので、今の仕事を捨てる気はなく、また多額の住宅ローンも抱えていましたので、幻覚と考えて無視しました。するとすぐに、先に記述した記憶喪失になったのです。記憶を再構築した後、「私の神様」からの声を無視したことを反省し、この声に従って辞職し、ハローワーク通いをすることになりました。一年経つと今までの会社の活動とは全く関係のない多くの企業から、企業改革の指導を任されるようになりました。私は会社を立ち上げ、「私の神様」からの声に従い、多くの企業改革を助けました。

企業改革が一段落つけば、悩みを持った多くの人に問題解決のアドバイスすることになりました。なお、私はこの時にも大病をしました。ここに記述している文章も、「私の神様」からの声に従って書いています。意識を無にした時に声が聞こえます。

今まで学んだことがないことに対して急に学会発表し、その世界の専門家に教え、成果を出し、世界の大学教授と対等に話ができるようになることは、幻覚症状や脳による情報整理や動物的勘だけでは説明できません。これについては、何か別の世界とつながっているのかもしれません。

なお、以上の「私の神様」のような声が自分に対してではなく他の人々に対して述べられる場合は注意が必要です。人に対してこれを「神の声」として伝えると、人は言葉が絶対のように思い、言葉に囚われ、自分で考えなくなります。そこで、私の場合は、相手の人の考え方に従うことを基本にしています。人へのアドバイスに使うときは、その人の考え方を尊重し、改めるべきところに使うだけにします。

また、声の主が神様や霊としても、いろいろな考えを持った多くの神々や霊の中の一柱でしかすぎないのです。他の考え方を持った神々や霊も存在するかもしれません。だから、声の主の言葉が正しいとはかぎりません。時代や環境によっては、神様や霊からの声は適合しないかもしれません。あるいは声の主が間違うかもしれません。あるいは声の主に悪意があれば、声の主に騙されます。うのみにするのではなく、必ず正しいかどうかを確認しなければなりません。

三　脳による情報処理

脳による情報処理の囚われ

そもそも霊魂とはどのようなものか、について考え、そこから霊魂に関わる現象を分類して考えることにします。

生きている人の意識はほとんどが脳による情報処理や情報整理によって生じています。外界からの刺激が電気信号になって脳に入力され、脳で記憶などを使って情報処理されて感情や思考や意識が作られます。例えばバーチャルリアリティーゲームがあります。目にゴーグルをつけて立体画像を見て、実際には無い世界を体験します。脳によってその体験から意識が発生し、あたかも現実と錯覚して行動します。この行動はゲームの世界では正しいことです。しかし、ゲームの世界は仮想空間でしかありません。従ってこのゲームをしている人を外から見れば、行動は何の意味も無く滑稽でさえあります。即ち、脳は勘違いしています。また、記憶も知識も、勘違いした情報が蓄積されます。ここまでは脳の作用であり、魂の作用ではありません。従って死ねば脳は無くなりますから、この感情や思考や意識や記憶は完全に消えます。

魂とは脳の反応をコントロールする「何か」です。同じ状況に出会っても人により反応が異なります。これが魂の作用です。もし人に魂が無ければ、人は人工知能ロボット同様に、同じ経験、同じ入力であればすべての人が同じ反応をするはずです。人によって魂が異なるから、同じ経験、同じ入力でも人によって反応が異なります。

意識が完全に脳に支配されれば、意識はバーチャルリアリティーゲームをする人のように、脳への入力信号や記憶に囚われ、夢中にゲームを続け、ゲームであることさえ忘れます。しかし自分を第三者の立場で見ることができれば、「ちょっと待てよ」と気づきます。魂の作用とは、このように自分を第三者の立場で見ることです。

バーチャルリアリティーゲームの世界ではなく現実の世界でも同じです。例えば怒りの感情に支配されて他の人に迷惑をかける場合があります。しかし「ちょっと待てよ」と自分の状態に直感で気づき、第三者的に自分を考える場合があります。このような作用が魂の作用です。

動物本能にも直感で「ちょっと待てよ」と異変を察知する能力があります。これも動物としての魂の作用だと思います。人間は危険に対して鈍感になり、動物よりも魂の作用が弱っているかもしれません。「正しい」とされることを信じることも必要ですが、「ちょっと待てよ」と疑ってみることはもっと重要です。

「ちょっと待てよ」から更に進み、脳から発する感情や思考や認識に囚われない状態になれば、魂の意識の中に入ると思います。この時に、脳への入力信号や記憶による脳の情報処理では説明できない現象が生じます。

脳による情報処理の囚われからの解放

脳には自己防衛機能があるため、脳の意識に支配された人は自分の不足、不幸に囚われます。不足や不幸の思いから、この状況を救う超自然的な力を過信してしまいます。これに対して魂の意識は、足る事、幸福も知ります。従って魂の意識を発揮するには、足る事、幸福の要素を考えて感謝することです。例えば現在愛されない不満を感じても、子供の頃は親に愛されたはずで、それに感謝します。感謝を考えることで、不足や不幸に囚われている状態から「ちょっと待てよ」と考えるようになり、魂の意識が生まれます。

また、脳による心の囚われを生じさせることに信仰があります。信仰が妄信になれば宗教戦争さえも生じます。そこで、信じることよりも大切なことは知恵です。知恵は疑って確かめることによって生まれ、心の囚われから解放します。これが魂の作用です。例えば座禅によって心を静かにし、自分が何かに囚われていないかを疑って見つめなおすことで、魂を活性化できます。

本来、神・仏への信仰とは神・仏を妄信することではなく、神・仏を魂で感じることです。例えば、善を行う場合、一〇〇％自力で善を行ったと勘違いする人がいます。この考え方では神・仏を魂で感じることができません。善を行うことができるのは、善を行うことができる環境や状況や善を受ける人々の存在が必要です。しかも善を受ける人にとって「おせっかい」となれば善にはなりません。善を受ける人に良い成果が生まれ、感謝されることが必要です。これが九〇％の他力の要素です。これに善を行う一〇％の自力の要素が加わって善が成立します。この九〇％の他力の要素に気づくことが魂の作用です。そこから善を行えたことに感謝の心が生じます。信仰とは、このような見えない他力を魂で感じ、感謝することから始まるはずです。霊魂や神・仏の信仰の問題を解決するためには、信仰の意味から正しく知る必要があります。

四　霊能力に対する注意点

真に霊的な現象の区別

魂の作用や意識を念頭に置いて心霊現象について考えたいと思います。

まず、恐怖や不安を与える現象のほとんどは科学的に説明ができ、脳が心霊現象と勘違いしています。これらは心霊現象から除外すべきです。

次に睡眠中や「レム睡眠」の中での、脳の情報整理で正夢を見る場合もあります。これも医学的に説明できるので除外すべきです。

霊魂に関わるものとしては二つあります。一つは自分の魂から発する現象で、もう一つは自分の魂と他の霊魂との関係で生じる現象です。いずれも無意識状態で生じ、自分や他の人を助けます。

自分の魂から発する現象とは、動物的な感覚としての直感や心の目で見る直観による現象です。例えば自分の記憶や経験に関係しない正夢、木や花の精との対話がこれに当たると思います。

他の霊魂との関係で生じる現象は、自分の魂だけの作用では考えられない現象です。例えば、他の人の命の危機を察知する現象です。あるいは自分の経験のない高度な情報を言葉や数学記号として与えられることもあります。木の精や山の神様に命を助けられることもあります。

以下、無意識状態での魂の作用として生じる動物的勘や直感あるいは心の目で見る直観を「霊感」、その能力を「霊能力」、その能力を持った人を「霊能者」として説明します。

霊感の特性

青森のイタコや沖縄のユタのように、生まれ育った土地に霊能力を認める文化があれば、自由に直感を働かすことができるので霊感が養われると思います。また霊感の強い人から教えを受け、修行することも可能です。但し都会では霊感は幻覚とされ、場合により精神障害と思われるため、霊感の強い人はこれを隠します。しかし隠しても霊感が働いてしまいます。霊感と幻覚は区別がつきにくく、その対処方法を知らずに恐怖を感じる人がいます。霊感や幻覚から生じる恐怖の対処方法については、第四章で述べます。

霊感のある人に女性が多いのは、一般に男性が左脳による論理思考が発達しているのに対して、女性は右脳による直感が発達しているためです。人間が自然界で暮らしていた時、男性は敵から家族を守るために外敵を寄せ付けず、また争いになった時に敵に確実に勝つ方法を考えて行動していました。このために本能的に論理思考が発達しました。これに対して女性はすべての情報を瞬時にとらえ、敵の攻撃より早く危険を回避して家族を守っていました。このために本能的に直感が発達しました。論理思考は時間がかかりますが、確実です。これに対して直感は思考しないために、とっさの行動がとれます。霊感は直感であり、思考からは生まれません。それで霊感のある人に女性が多いのです。但し霊感だけでは霊感に心が囚われます。この囚われから解放するには左脳的なチェック要素も必要です。即ち、魂の意識にも右脳・左脳の双方の要素があります。これらをふまえ、霊能者や霊能者と接する人へのアドバイスをまとめてみます。

妄信を避ける

霊能者は誰も知らないことを言い当てたり、病気を治したりします。これは失敗があるかもしれません。当たらなかった人は霊能者に対して苦情を言わないことが多いので、霊能者には失敗が伝わりにくくなります。結果として成功事例ばかりが強調され、過大評価され、霊能者が崇拝されます。すると、霊能者も自分を特別と思い込み、自己過信に陥ります。そこから、霊能力への妄信に繋がり、自分の考えを押し付けてしまって排他的にさえなる危険性があります。自己過信は脳による情報処理と霊能力の区別をつけにくくします。そして全てを霊能力によるものと勘違いします。この結果、脳による情報処理に囚われ、霊能力を弱めてしまいます。また、人による違いや変化に鈍感になり、本来相手に合わせて対応しなければならないのに、すべての人に対して過去の成功事例を適用して失敗が増えます。

科学的・論理的な確認

霊能者の場合、これを避けるために、まず霊視や除霊・浄霊といったことに対し、科学的・論理的な思考で確かめることが必要です。例えば、除霊・浄霊などの霊的な治療にはプラシーボ効果という科学的に説明できる精神的な効果があります。そこで、例えば患者様に病院で検査してもらい、効果確認することが必要です。また、霊能者自身も科学的・医学的知識を持つか、あるいは医学的知識を持った人に相談する必要があります。こうして、自分の能力を客観的にチェックする必要があると思います。常に正しい結果を維持することは不可能です。霊感であっても当たらないこともあるはずです。自分の霊感がどの程度当たっているのかを客観的に確認すべきです。霊能者はどうしても、霊感が当たった事例に固執してしまい、外れた事例を忘れる傾向にあるためです。あるいは外れた情報が返ってこないこともあります。

霊能者を利用する場合で、霊能者から除霊等を勧められた場合は、その霊能者だけに頼るのではなく、科学的な思考をする人にも相談して判断すべきです。私の経験事例ですが、ある人がうつ病になり、病院で治らず、霊能者に相談したところ、悪い霊が憑いていて除霊が必要と言われました。そこでその家族が、除霊が必要かどうかを確かめるために私の所に来られました。私は除霊を否定し、美しい花を買ってきて、これを育てるように言いました。私が直感で感じたのは、相談者の家の中が殺風景で、庭の花も消えていたことでした。それで花を育て、花と会話して心を癒す方法を考えたのです。結果、二カ月ほどで、うつ病が完治しました。

他にも、除霊が必要と言われていた人に対して私はアホなことを言って笑わせたことがありました。その人は笑い続け、その直後から精神的な苦しみは改善しました。私が感じたのは、病気の原因のほとんどは霊の憑依ではないということです。たとえ霊が憑いているとしても、病気で心や体が弱ったために霊が憑きやすくなっただけと思います。従って病気を医学的に治せば霊の憑依も消えます。霊の憑依にこだわれば治療を誤ります。

霊能者の霊魂観を押し付けない

次は、心や魂に関する対応の結果が人によって異なることを認識するべきです。ある人で成功しても別の人では失敗します。これは、その人の神様や霊魂に対する考え方が異なるためです。その人の考え方に合わせて対応しなければ効果が出ません。

例えば私は私独自の霊魂観を持ちますが、人と対応するときは私の考え方を押し付けず、その人の考え方を聞き、その人の考え方に合わせて説明します。例えば輪廻転生を信じる人には輪廻転生で説明します。但し「自殺して生まれ変わりたい」と思う人には、今の自分の魂は二度と再現できないことを、その人の考え方にプラスして諭します。このプラスを作るために自分の考え方を持っています。

霊魂の知識にこだわらない

霊魂に関する知識へのこだわりは知識に対する自己陶酔を生み、脳による記憶や知識への囚われを作ってしまいます。さらに、その知識を人に押し付けようとします。また難しい専門用語を多用する傾向も生じます。しかし、知識は有効活用できなければ何の意味もありません。難しい知識が無くても問題解決する方が重要です。知識にこだわることで、問題解決行動を忘れてしまうこともあり得ます。

有名人の権威を利用し、その有名人の言葉を反復し、有名人から能力を受け継いだように見せることも自己陶酔に陥ります。

霊魂は見えない世界ですから、いろいろな考え方があってよいわけで、人の持つ考え方も尊重しなければなりません。また新しい考え方が古い考え方を超えて駆逐するとも思えません。考え方にレベルを設けて「こちらの方がより優れている」と主張したり、「間違っている」と攻撃したりすることは宗教戦争と同じです。

古い考え方の尊重

例えば昔の人は、良いことがあれば「先祖様のおかげ」として先祖の神様に感謝しました。この考え方を持つ人に最新のスピリチュアリズム（心霊主義）の考え方を教えても難しすぎます。また「先祖様のおかげ」として感謝する精神は非常に重要です。私は日本に昔からある霊魂の考え方も残さなければならないと思います。

そこで、霊魂に関する説明をする場合は、まず謙虚に相手の人の意見を聞き、受け入れ、認めてからそれにプラスした形で説明しなければならないと思います。謙虚になれば、人それぞれの些細な違いや変化に敏感になり、人や現実に合わせることができるようにもなります。霊能力は謙虚になって発揮できるはずです。

名や財産にこだわらない

霊能力を特別な能力と思い込み、自分の名誉や財産の向上に繋げてしまうことは避けるべきです。能力は本来神様から預かったものです（神様の概念は多数ありますが、これについては第二章以降で述べます）。従って、能力は「人のため、社会のため」の考えで使わなければなりません。目標は人の喜びや感謝であって、決して名声や利益ではありません。私はこのために、「こっそり、無償」を基本方針にしています。私個人としての意見ですが、霊能力で稼ぐ生活よりも、別に仕事を持ちながら人を助けてあげる生活を勧めます。霊能力を生活の糧にしてしまうと、どうしても生活のための利益を考えてしまいます。

パフォーマンスをやめる

能力をひけらかして認めてもらう心が生じると、パフォーマンスに囚われ、本当に重要なことや目的を見失います。パフォーマンスという不要なことは避け、問題解決だけに集中するべきです。例えば何かを観察するときは霊視よりも目で見る方が確実です。病気は医学的検査が確実です。パフォーマンスに囚われると間違った観察結果に基づいて指導してしまう危険性があります。

パフォーマンスを見せられる観客側もパフォーマンスに囚われ、それを信じてしまいますが、あくまでもパフォーマンスにしかすぎないために、問題解決に至らず、苦しむことになります。

本来の目的に徹し、できるだけ科学的な手法を使って解決するべきです。

霊能力は直感や直観と関係し、あくまでも科学的対処が不可能となった時の緊急対応として使うものです。確実性を得るには論理思考を基礎にした科学的対処を基本としなければなりません。

霊能力の限界

霊能者が霊能力を発揮できる相手の人は、心や魂が通じる人です。即ち、霊能者が経験した心の苦しみと同じ心の苦しみを持つ人です。従って、人を助けることのできる霊能者は多くの苦しみを経験した人です。なお、霊能者といえどもすべての経験は不可能なため、すべての人と心や魂を通じることは不可能です。ここを忘れてすべての人に自分の霊能力の効果があると思い込むと、効果が出ない人に出会います。これを相手の人に「信仰が足らない」と言ったり、自分の能力不足と思って能力向上に固執しても、出ない効果は出ません。霊能力の限界を知れば、例えば効果が出なかった場合に、すぐにこれをやめ、科学的な別の手法を探ることができます。

また、霊能力を使うにはパワーが必要です。例えば人を救うために「気」を送る場合は一日に一人～二人が限界であり、これ以上は肉体的に疲れ低血圧や低血糖になるか、精神的に鬱やヒステリックになります。そして治療者の方が逆に治療が必要になります。パワー補給手法を知ってから霊能力を使うべきです。むやみに能力を使うべきではありません。

人を病気にさせてしまう危険性

霊能者が「気」を送って人を助けられるということは、逆も起こり得るわけで、誰かに対して腹を立てれば無意識でその人にマイナスの「気」を送ってしまいます。その結果、その人を苦しめ、病気にしてしまうこともあります。そこで「気」を送ることができる人は、人に対する怒りや恨みを避けなければなりません。

情報提供のあるべき姿

霊魂に関する情報を提供する場合、いろいろな考え方も紹介することも必要だと思います。特定の考え方に固執すれば固定化した考え方を広めてしまうからです。霊能者とされる人でも、わからないことが多数あるはずです。間違うこともあります。目で見ても見間違います。ましてや見えないことを感じることに関して一〇〇％正しいはずがありません。霊的な感覚を断定して伝えるのではなく、わからなければ「わからない」、あるいは「自信が無い」として情報提供することも必要だと思います。

なお、すべての霊感を幻覚にして否定する科学万能主義も同様に問題があると思います。科学で説明できない現象があるのも事実です。新しい考え方を導入し、いろいろな現象をだれもが有効利用できるようにするのが科学的な姿勢だと思います。否定からでは有効利用に向けて進展しません。

神や霊魂の考え方の活用

霊は物質ではないはずです。従って計測や観測不可能のはずです。写真にも写るはずがありません。但し、霊魂の考え方を導入することで問題解決に有効であれば、その考え方も問題解決に利用すべきだと思います。

科学と霊魂の考え方の活用は、西洋医学と漢方医学の双方の利用と似ています。例えば、西洋医学での薬は、その成分の化学式から有効性を証明できますが、漢方の薬は経験から有効性を確認して得られたものです。病気治療では双方を使いこなすはずです。これと同じ考え方です。従って霊魂は非科学的であっても、無駄として排除することはないと思います。人間の心を癒し改善するための有効的な考え方として積極的に利用すべきであると思います。なお、霊魂の考え方を使う場合は霊魂に心が囚われるなど、いろいろな問題が発生することがあり、これが生じないようにするための処方が必要です。

以上、心霊現象や霊能者について述べましたが、心に苦しみを持つ人を救うには、霊魂についてもう少し詳しく知る必要があります。

そこで、第二章では、神や霊魂の概念の変遷や、様々な霊魂観について述べ、第三章では日本の霊魂観について述べます。

第二章　神と霊魂の概念

一　神と霊魂の概念の歴史

死ねば死体を放置する動物

動物には「死」が理解できません。死体はいずれ腐る物体と考えているようです。例えば動物は仲間が生きているうちは助け合いますが、仲間が死ねば死骸は放置され忘れ去られます。猿が亡くなった子を抱き続けることは死を認識できていないためです。死骸が腐れば捨てて放置します。ましてや「霊魂」は考えません。

人間にも、「人間は肉体という物体だけの存在であり、死ねば死体が腐るだけで霊魂は存在しない」という考え方があります。この考え方では、人間が子を産み育て、助け合って仲間を増やす目的は、人間という種を増やし残すことだけになります。即ち、ダーウィンの進化論における「種の保存の法則」です。種の保存の法則では、種に危害を加える敵は抹殺しなければなりません。同じ種でも増えすぎれば限られた食料の奪い合いになります。ここでも自分の家族や氏族を守るための利権・縄張争い的な戦争が生じます。実際に人間の歴史ではこのような戦争が絶えませんでした。愛の源泉である「神」を信じながら、心の奥底では人間を物としてしか考えず、このような行動をとってきました。従って、ある意味人間も自分の属する民族・氏族という種の保存・繁栄を最優先にする動物と同じです。

仲間を守ってくれた人への感謝の心と埋葬

ところで、動物や類人猿と人間との違いは、人間が仲間の死骸を埋葬するようになったことです。最初に埋葬を行ったのは約十万年前で、ヨーロッパから西アジア、中央アジアに住むネアンデルタール人とアフリカに住むホモ・サピエンスでした。このうち、ネアンデルタール人は滅亡したので、ホモ・サピエンスが現代人に繋がっています。

最初の埋葬では、すべての遺体が埋葬されたわけではありません。仲間を危機から救ったリーダーが埋葬されたと思われます。動物は仲間を危機から救ったリーダーであっても、死ねば死骸は放置されますが、人間になって初めて守ってくれたことや救ってくれたことを覚え、それを思い出して埋葬したと思います。即ち、人間が最初に得た感情が、思い出して忘れない「恩」や「感謝」の心でした。この心が人間と動物を分ける原点と考えられます。

この時は資産の所有は無く、自然の中で思考や直感によって生活していたはずです。

文明の発祥

埋葬とは故人を偲び、祀ることです。そこから故人の霊魂の存在を考えるようになったと思います。そしてその人が生きていた時に仲間を守ったように、亡くなっても霊魂は仲間をいつまでも守ると考えたのでしょう。そして死者が生きていた時の活躍は神話となり、その霊魂は神とされて祀られたと思います。さらにその霊魂を祀る儀式が形式化され、神殿も構築され、文明の発祥に至ったと思います。

巫女の誕生

神や霊魂の考え方が生まれると、神や霊魂に繋がってその意思を伝える「巫女」が生まれました。巫女は人々の中で最も直観力が強い人であったと思います。元々直観力は動物本能の直感を基礎に発達するものであり、環境変化や外敵の気配を一瞬で察知して仲間に知らせ、仲間の安全を確保する能力です。例えば漁師さんは経験から空を見ただけで海が荒れるかどうかがわかります。科学的に言えば雲の形や風向の変化で低気圧がどこに接近しているかを判断していますが、それを思考ではなく直感で瞬時に感じ取れます。動物本能も科学的に言えば匂い、音、変化などを総合して危険察知していますが、動物にしてみれば思考の無い瞬時の直観です。動物でもこの能力に差があり、見張り役は直観力の高い動物が行います。当然人間も同じであったはずで、元々は直観力が発達した人が仲間に自然災害や外敵の危険を知らせていたと思います。それが霊魂や神の考え方に結び付き、直観力が発達した人が「巫女」になり、人々を守る神や霊魂の「お告げ」として人々に伝え、危険回避したと思います。従って、巫女は厳しい自然の中で生きていくために必要不可欠な存在であったと思います。

巫女によって自然の変化を察知することから、単に過去に仲間を助けたリーダーを神にするだけではなく、いろいろな自然現象も神によって生じると考えたと思います。そして最も大きな自然の存在としての太陽の信仰も発生しました。そして巫女は自然の神に仕える存在になったと思います。

また、神の概念は人の肉体に魂を吹き込む存在となり、さらに天地を創造した存在に発展していったと思います。

文明の発展による宗教の国家統制利用

宗教が生まれ発達すると同時に農耕が大規模化して、土地の所有が発生し、資産が生まれました。すると、所有権争いが発生し、資産増加や戦いに勝つための戦略策定が優先されるようになりました。また、戦いに勝つための神、リーダーが信仰する神が大切にされるようになりました。こうして宗教は人々に対し国家や王に忠誠を尽すように教える道具となり、国家統制や戦争に勝つために利用されるようになりました。そして今までの原始的な生活をしていた小さな集団は、より大きな文明に飲み込まれました。

都会では危険動物は駆除され、自然災害に対してもある程度予防できるようになり、巫女は王をサポートする役割として形式化され、政治に利用されました。あるいは、王に従わない場合は排除されました。そして人間同士の戦争が絶えない社会になっていったのです。

慈悲・慈愛・許しの精神への発展

これに対して問題を感じたのがギリシャ哲学者やお釈迦様やイエスキリストやマホメット等の聖人です。

神は自然も人もすべてを創造しましたから、神はすべての親です。親から見れば子はすべて平等に大切なはずです。そこからすべての親としての神の立場で考え、たとえ敵でも平等に愛する慈悲や慈愛の考え方に発展したと思います。また、戦いを無くすためには過去の問題に対して恨み続けるのではなく、謝り、また許す心も必要です。このようにして人間の魂のあるべき姿として、仲間を守った霊への感謝から慈悲・慈愛・許しの精神に発展しました。

宗教の形式化

しかし、これも時代とともに形式化され、また教えの言葉が絶対化され、信者全員の信仰の統一を図る考え方が生まれました。

例えば初期キリスト教は確かに人々の魂の救いとなり、教えが広まりました。これが政治に利用されてからおかしくなったのです。キリスト教に権威付けがなされ、聖職者に階層が生まれ、宗教の形式化がなされました。人の魂の救いという目的から離れていったのです。しまいには中央で決められた考え方に合わない人々や意見の異なる人々を異端者として拷問し死刑にしました。異質な人々に対する迫害やいじめです。本来このようなことを慈悲・慈愛・許しを説いた聖人が望んだはずがありません。結局人間はやはり権力に固執し、戦いに勝つための戦略策定を大切にし、成功した者たちが生き残り、弱者は殺されました。

日本における宗教の発展と形式化

日本でも、本来の「和」の精神は、「いろいろな民族の異なった考え方、宗教を互いに認め合い尊敬しあい、和合する」という意味でした。ところがその後、「中央で決めた考え方に和合し、それに反発しない」という意味に変化して思想統一に利用され、異質に対するいじめに至りました。例えば律令国家体制構築時での国家神道成立によって、昔から地方で神事を行っていた人々や巫女が迫害されました。彼らは行き場を失い、結局仏教と結びつき山にこもるようになって修験道の信仰者になりました。こうして国家としての思想統一がなされていったのです。

宗教の見直しと魂の追求

ここで再度世界の思想に話を戻します。

有能な人々は宗教が本来の姿から外れていることに気づき、神や霊魂の考え方に対する見直しを始めたのです。それが十四世紀のルネサンスによる古代ギリシャの古典や考え方の復興、十六世紀の宗教改革でした。こうして科学的考え方が発展しました。また、その考え方から人間の魂を追求したのが十七世紀初めの哲学の祖としてのデカルトでした。

デカルト哲学での「我思う、ゆえに我あり」の言葉で、「我」は精神的な魂です。「思う」は動物的な脳による思考ではなく、魂としての精神活動です。そして「ゆえに我あり」は、魂の活動によって人間としての「我」を発見するということです。この言葉は単純に脳で思考して「思う」ということを意味しているのではありません。魂から発する「思い」を追求しようとしたのです。この考え方からカント、ヘーゲル、ショーペンハウアーといった哲学者が現れ、そこから多くの芸術や文学が生まれました。人間の芸術活動の基礎には人間の魂への思いという回帰がありました。

日本では八世紀に弘法大師、十二〜十三世紀にかけて法然、親鸞、日蓮、道元等による宗教改革がありました。ここで人間の原点に戻り、自然の中の生活で本来人間が持っていた人間性を引き出し発揮しようと考えました。また、常に変化する実体の無い感情や認識を追求せず、環境や五感の情報や感情に支配されない人間の魂の追求がなされました。

宗教の政治利用と戦争

ところが、世界でも日本でも、再度人間の欲が勝ち、宗教は政治に利用され、戦争での民衆の意識統一に利用されたのです。そして思想や宗教理念の絶対化がなされ、排他的になったのです。例えば、日本でのキリシタン弾圧や明治維新時の廃仏毀釈です。こうして戦争が絶えず、また弱者が殺されました。

現代の反省

現代の日本では、戦前の軍国主義と戦争の反省もあって、再度、本来の人間に戻ることを考えるようになっています。そして自然の中で座禅することなどが流行るようにもなり、魂の追求もなされるようになりました。

神や霊魂の考え方は人それぞれに異なるのが自然

ところで、神や霊魂の考え方には「絶対的真理」や「正解」はありません。重要なのは、人それぞれに自分の考え方を持つことです。そのためには、過去の人々が学び考えたことを基礎にしなければなりません。過去の思想を無視して自分一人で考えれば間違った考え方になる危険性がありま す。但し、過去の有名な人の考え方に従うことはありません。あくまでも自分の考え方を持つことが重要なのです。

二　様々な神と霊魂の概念

個々の魂が輪廻転生する考え方

仏教圏やヒンズー教圏では輪廻転生の考え方をします。

まず仏教では天地や人間を創造した唯一絶対神を否定します。世界はすべてアインシュタインの相対性理論、ニュートンの法則、量子力学など、まだ発見されていない法則も含めて、何らかの法則に基づく因果関係で成り立っています。生命は自然法則に従った因果関係で発生し、また生物は自然法則に従って進化しましたが、魂も同様に進化しました。そしてこの因果関係に基づいて霊魂は輪廻転生します。

人々を守る如来や菩薩などの仏とは自然の理を悟った魂のことです。たとえお釈迦様でも自然法則に従います。

ヒンズー教は天地を創造した神も含め多数の神々が自然現象を生じさせ、人々を守ると信じます。但し自然法則を超える絶対神ではなく、神であっても自然法則に従って活動されます。仏教を興されたお釈迦様（仏陀）の言葉としては輪廻転生に心が囚われることを否定していますが、仏教の輪廻転生の考え方の元はヒンズー教の元となったバラモン教から来ています。

チベット仏教を例に、輪廻転生の考え方をもう少し詳しく解説します。

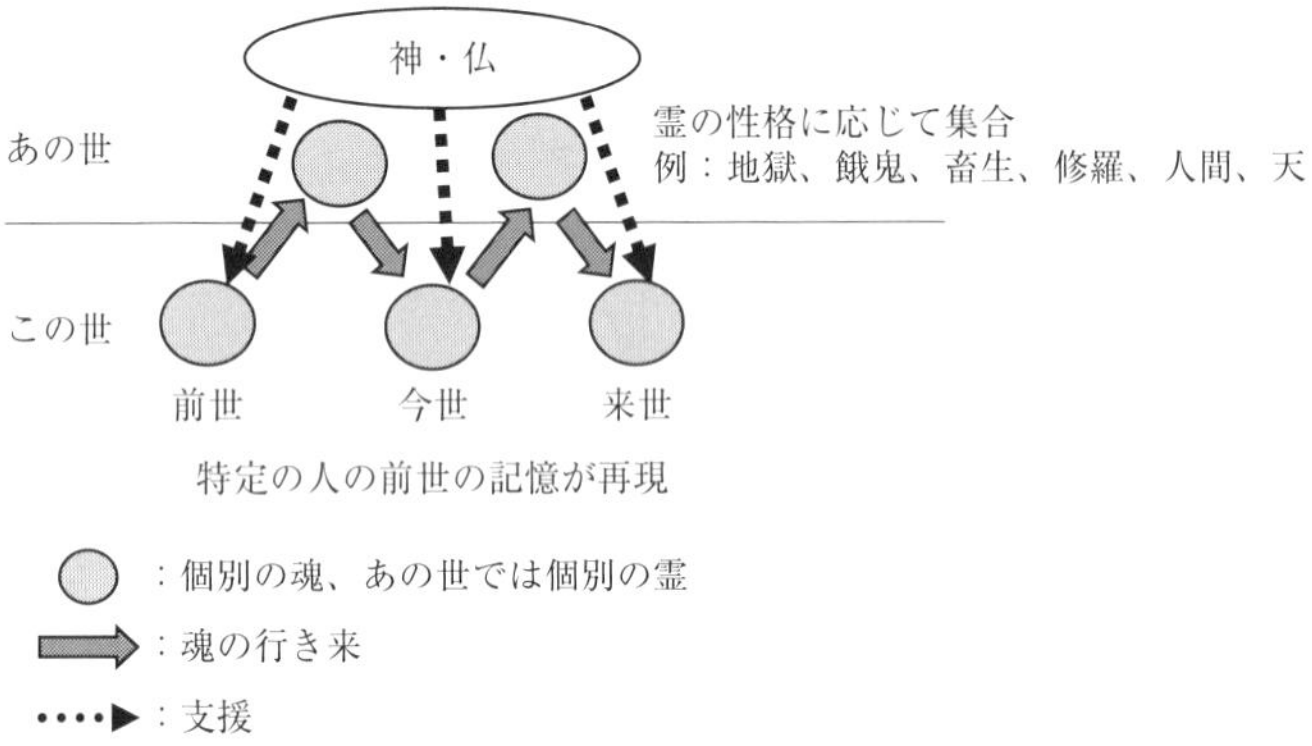

図2.1　輪廻転生を繰り返す魂

人が亡くなれば肉体は土に還り、魂は霊になります。霊は四十九日間家族の所にとどまります。そして四十九日が過ぎれば、あの世に旅立ちます。あの世に行けば、霊の性格に応じて霊が集まります。例えば大きく分けて地獄、餓鬼、畜生、修羅、人間、天の世界があり、さらにそれぞれの世界の中でも、性格に応じて個々の霊が集まって村のような社会を作っています。そして生まれ変わる時は、その霊の性格に従って、植物なども含む様々な生物や人間に生まれ変わります。従って人間から動物や昆虫に生まれ変わることもあれば、動物や昆虫から人間に生まれ変わることもあります。このため、昆虫といえども、その前世が人間のことがあり、殺すことをためらいます。

霊は生まれ変わりますから、故人の霊を弔う期間は、例えば四十九日です。四十九日を過ぎれば故人の霊は祀りません。従って墓は作りません。チベットでは遺体を荒野に放置し、鳥に食べさせます。

今生きている人の魂には前世があります。この前世の記憶は、今生きている人の魂の無意識の世界である隠れた部分（阿頼耶識《あらやしき》）に残り、それが再現されることがあります。例えばチベットではこれを利用してダライラマの生まれ変わりの子を探してダライラマを継がせています。ダライラマは人々を救うために人として何度も生まれ変わると信じています。

なお、各部族には古代から続く部族ごとの先祖神を祀る風習もあり、現実にはこの風習も混在しています。

輪廻転生の考え方に関しては、チベット周辺国の仏教国だけでなく、インドでも同様です。亡くなった遺体は火葬にして、灰をガンジス川に流し、墓は作りません。魂は霊となってあの世に行き、そしてまた生まれ変わると考えるからです。

仏教伝来前の日本では輪廻転生の考え方が無く、亡くなった人の霊は先祖神に吸収され一体化すると考えていました。その後仏教が導入されるとともに民衆に輪廻転生の考え方が広まり、元々あった考え方と混在するようになりました。従って霊が輪廻転生すると信じながらも、先祖の霊を神様として祀り続けます。これについてはチベットの人々と同じです。

神が魂を創造する考え方

キリスト教やユダヤ教やイスラム教などでは、天地や人を創造した唯一絶対神を信じます。旧約聖書の創世記の天地創造の記述をそのまま文字通り信じている人もいます。例えば神は土をこねてアダムという最初の人間の男性を創造し、そのあばら骨から最初の人間の女性イブを創造したということです。但しこれについては、一九九六年にローマ法王のヨハネパウロ二世は、「肉体は進化に従い、魂を神が創造した」としました。そして今のローマ法王のフランシスコは「神は自然法則（進化論）に従うように生物を創造した」としています。いずれにしても天地を創造した唯一絶対神を信じます。

そして人類の始祖のアダムとイブは神に背くことで原罪が生まれ、この結果人間はいろいろな欲望に囚われて行動し、罪を犯すようになったとします。

キリスト教での今生きている人々の魂については大きく分けて三つの説があります。魂は神様が創造し吹き込むとする説と、魂を両親から受け継ぐ説と、魂は輪廻転生する説です。輪廻転生する説は前に記述したのでここでは省きます。ここではまずローマ帝国のアウグスティヌスから受け継がれるカトリック教会の考え方を記述します。

今生きている人の魂はアダムとイブ同様に神様が創造し肉体に吹き込みます。そして原罪は両親から遺伝的に受け継ぎます。しかし、イエスキリストという神の子が現れ、神の慈悲・慈愛・

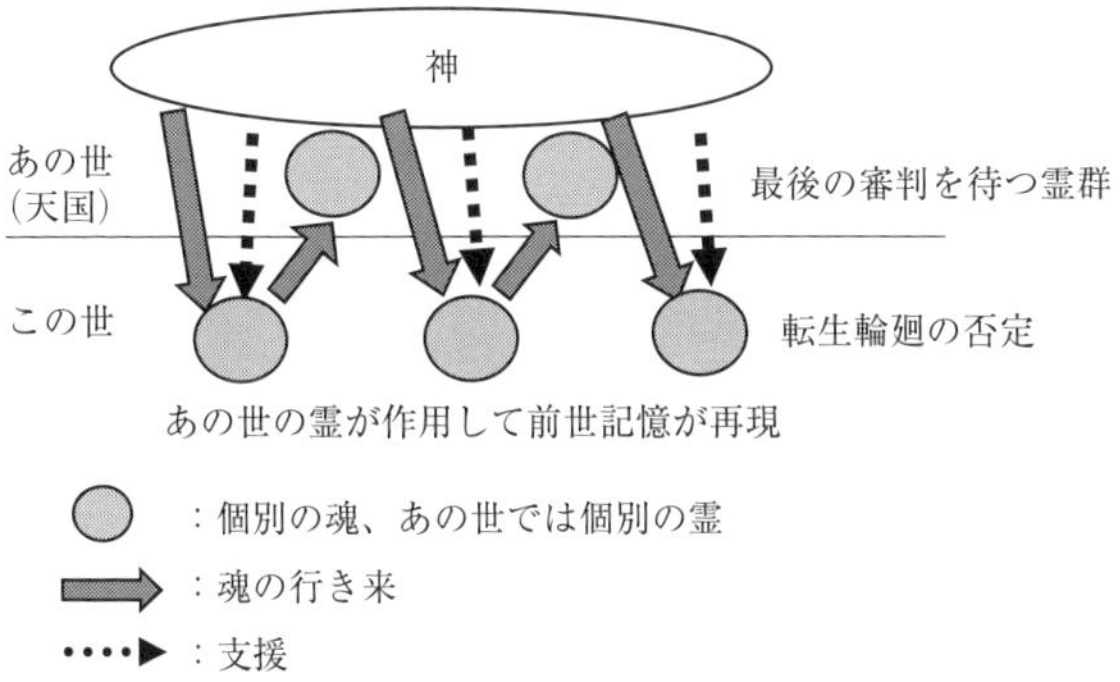

図2.2　神によって創造される魂

許しの精神を人々に説きました。また、イエスキリストが十字架にかけられることで、イエスキリストを信じる人々は人を罪に陥れる悪魔と戦うことができるようになったと考えます。

イエスキリストの教えを信じて神の精神を受け継いだ霊は、あの世の天上の世界の「天国」に昇りますが、この教えに従わず神の精神を受け継がない霊は、あの世の地下世界である「地獄」に落ちます。あるいは、地上に未練や恨みがある霊は、地上に悪霊として残ります。いずれにしても、あの世では霊が個別に存在しています。

あの世の「天国」に昇った霊は、神による最後の審判を待ち、その後に永遠の命が与えられると信じます。従って輪廻転生は考えません。また、祀るのは唯一絶対の神のみで、先祖神や先祖霊を祀ることはしません。そのうえで亡くなった家族の霊を弔います。

魂を両親から受け継ぐと考えるキリスト教徒もいます。この場合、原罪も魂と共に両親から受け継ぎます。この他は、魂を神様が創造し吹き込む説と同じです。

キリスト教やユダヤ教やイスラム教では、霊による占いや霊能力を使うことは、地上に未練や恨みがあって残った悪霊や、人間を堕落させた霊的存在の悪魔と繋がることであり、禁止事項です。例えば中世キリスト教では女性の霊能者を魔女として処刑しました。イスラム圏では現在でも霊による占いは禁止事項で処刑もあり得ます。

スピリチュアリズムによる新しい輪廻転生の考え方

キリスト教圏でも最近は霊能者の経験を集めて論理化するようになり、スピリチュアリズムという考え方が生まれてきました。スピリチュアリズムではキリスト教同様に最初のアダムとエバの魂は神によって創造され吹き込まれ、その魂から分かれて子孫の魂が増えたとする考えがあります。あるいはインドや仏教の思想のように、魂は生物にもあり、生物の魂から人間の魂に進化してできたとする考えもあります。このように魂の起源については様々な考え方があります。

故人の霊はあの世に行きますが、あの世では霊の性格やレベルに合わせて多数の霊がグループをなして溶け合っています。これをグループ・ソウル（類魂《るいこん》）と呼びます。そしてこのグループ・ソウルもあの世に多数存在することになります。グループ・ソウルの中では霊が溶け合うため、生きていた時の経験はグループ・ソウルの間で共有します。従って前世の記憶とはグルー

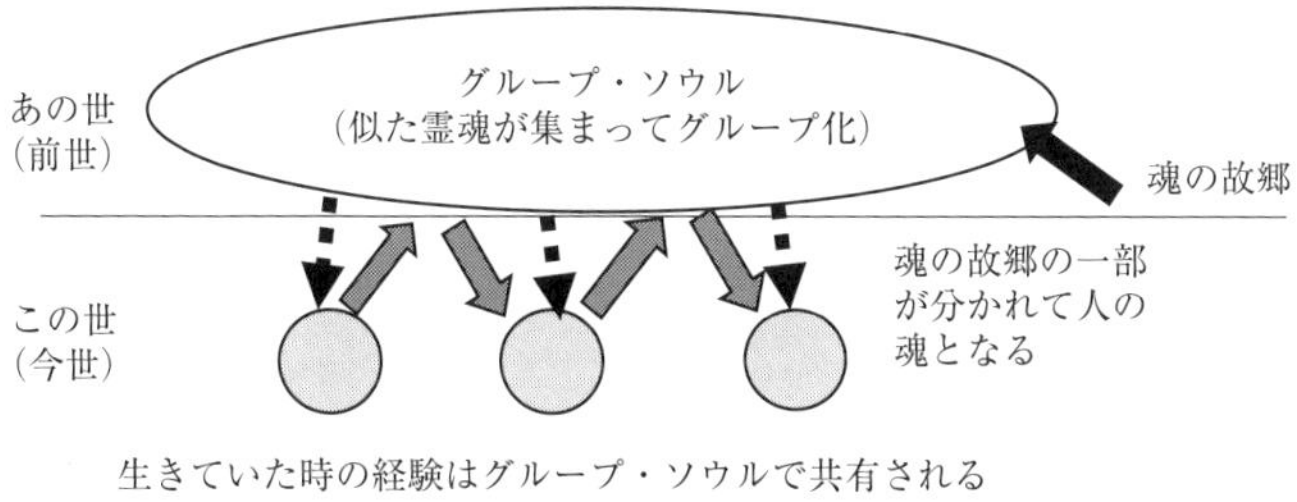

図2.3　あの世での霊魂の混在

プ・ソウル全体の記憶ということになります。そして人が産まれるとき、グループ・ソウルの中から魂が分かれ、胎児に宿ります。従って、魂はグループ・ソウルの魂も引きつぎます。例えば私は日本人の技術者魂を引きついでいます。その魂の分かれる元となったグループ・ソウルを以下ここでは「魂の故郷」とします。（参照：近藤千雄訳編、『古代霊は語る―シルバーバーチの霊訓より』、潮文社、二〇〇五年）

この考え方では輪廻転生を認めます。また前世の記憶は多数の霊の記憶からなります。そして多様な前世の因縁を引き継ぎます。チベット仏教同様に、魂の中の無意識の世界の阿頼耶識に前世の記憶が残るとされます。仏教との違いは、一つの魂の輪廻転生というよりも、多数の霊の集まりによる輪廻転生ということです。

生きているうちに魂を成長させることで前世も成長します。そして人が亡くなり霊となって魂の故郷に帰ることで魂の故郷のグループ・ソウル全体が成長を共有します。なお、この世に未練があれば魂の故郷に帰れません。故人を弔う目的は故人の霊を安心させ、早く魂の故郷に帰れるようにしてあげることです。

ところでスピリチュアリズムには守護霊の考え方があります。守護霊とは魂の故郷から来て今生きている人の魂を守る霊です。守護霊は今生きている人の魂とは別行動ができます。六回前後、産まれてくる人の前世として輪廻転生を繰り返しますが、これを超えれば人の前世として生まれる執着が無くなり、霊格も上がり守護霊になるとされます。

私はキリスト教とこのスピリチュアリズムの考え方を折衷した考え方をしています。即ち、今生きている人の魂は神の一部分が分かれてできたものと考えます。しかもすべての生物にも魂があり、それらも神から分かれてできたものと考えます。そして、今生きている人の魂に最も近い性質のグループ・ソウル（魂の故郷）から魂が分かれ、前世として魂の中の無意識の世界に閉じ込められているとします。また閉じ込められる前世は複数あると考えます。座禅などで無意識の世界を解放すると前世が解放され、前世の経験を受け継ぎます。また前世から情報を得ることもあります。なお、私は人が亡くなれば脳に蓄積された記憶は消えると考えるため、前世には生きていた時の記憶はほとんど無いと考えます。あくまでも受け継ぐのは前世が生きていた時の経験によって得られた能力です。前世からの情報も前世の記憶ではなく、前世の能力を今生きている人が受け継いで得られる情報と考えます。

人が亡くなれば魂は霊になり、前世と共に魂の故郷に帰ります。

三　中国の魂魄説《こんぱくせつ》

陰の魄《ぱく》と陽の魂《こん》からなる構造

中国では魂の構造を陰陽思想に従い論理的に考えます。これが魂魄説です。（参照：元中国国立吉林省病院中医科教授、現東方健康研究所所長、王万明氏による）

人間の活動を生む「気」の陰の成分が「魄」で、人間が生まれる前から持つ先天的な要素であり、生命の根元や本能的要素に相当します。

人間の活動を生む「気」の陽の成分が「魂」で、人間が生まれた後に持つ後天的な要素であり、慈悲、慈愛、許しの精神の学習や経験によって清らかな魂が成長します。しかし、妬みや嫉妬や欲に囚われれば、魂が濁ります。

この魂魄説にも様々な考え方があります。ここでは王万明氏から教わった考え方を紹介します。

まず胎児の時は魄と神からなります。「神」は思考の根元的要素です。

最初人が生まれた時は本能としての魄に従いますが、成長とともに人間としての精神活動に伴って魂が成長します。陰と陽は相互作用し一体となるため、生きている人は魂魄一体です。

気功などによって自然界から清い気を取り込めば、魂魄双方が強くなり清められ、精神的にも肉体的にも健康になります。「健全な肉体には健全な精神が宿る」という考え方です。また、慈悲・慈愛・許しの精神の学習・実践によって魂を強め清めれば直観力が高まり、心の囚われから解放され、精神力が向上します。これは魄にも影響し、魄も清まり強くなります。逆に、ねたみ・嫉妬・怒り・欲に囚われれば魂魄双方弱り、濁ります。

死によって魂は分散し、魄と神は地上に残る

人が亡くなれば陽の魂は分散して消え、その人の魂の特性に合わせた魂の帰るべき世界に吸収されます。ここでは個別の霊の存在は無く、生きていた時の記憶も残りません。魂の帰るべき世界は、木・火・土・金・水の五行に分かれます。

これに対して陰の魄と神は地上に残ります。この魄と神にも生きていた時の記憶は残りません。これが陰界の霊です。人は胎児の時に魄と神から始まり、亡くなれば魄と神に還ることになります。

故人の霊を祀る目的

故人を祀れば、祀る所に霊が来ます。

生きている時に欲が強く、慈悲は無く、魂魄が濁っておれば、祀られた霊は人に災いをもたら

します。従って、悪人とされた人の霊は祀ってはいけません。例えば日本で永久戦犯の霊を靖国神社で祀りますが、中国の考え方からすれば災いをなす霊をよぶことになり、絶対にやってはいけないことです。

生きている時に欲が無く、慈悲・慈愛・許しの精神が強く、魂魄が清ければ、祀られた霊は神の要素が優れ、祀る人々に幸をもたらします。従って善人とされた人の霊は神として祀ります。例えば三国志で活躍した関羽の霊は関帝廟で神として祀られています。

また、中国や韓国では、祀られていない先祖霊が子孫に災いをなす昔話が多く残されています。生きていた時はどのような人でも子や子孫を愛したはずです。それにもかかわらず、子孫に災いをなすのは生きていた時の記憶がないためです。そこで最も霊が接触しやすい子孫に災いをなします。子孫が役割分担をしながら先祖の霊をすべて祀ることで、先祖霊の災いが無くなるとも考えられています。

日本では先祖霊は神となり、個別に霊を祀ることはせず、先祖神として氏神様の神社で全体を祀ります。従って祀られない霊が存在することはありえません。そして先祖神全体で子孫を守ります。先祖神や先祖の霊が子孫に災いをなすなど考えられません。日本でも中国の思想の影響があったはずです。それにも関わらず、日本独特の考え方があるのは、縄文時代に存在した日本独特の霊魂観が残ったためです。これについては第三章で述べます。

人として生まれる時

人として生まれる時は、先に亡くなった人の魄と神が元になり、生まれた後に魂が再度集まるという考え方があります。この場合の前世は魂魄双方になります。チベット仏教的な輪廻転生の考え方に対して、魂が魂魄分かれるだけです。

これに対して、新たに魄と神が生まれる考え方があります。生まれた後にその人の性格に合わせて多くの魂が集まります。この場合の前世は後から集まる魂になります。

あるいは前世は亡くなっても消えない神に含まれるのかもしれません。

いずれも、慈悲・慈愛・許しの精神を持ち、それを実行することで前世の悪い因縁が解消され、魂魄双方が磨かれます。

ところで日本人の魂や神の概念は、魂魄説での魂や神の概念とは異なります。

四　神・仏と人の魂の関係

神・仏と自然の関係

一神教では、唯一絶対の神が自然法則に従って、この宇宙や人間を創造したと考えます。そして現在でも神は自然法則に従い、神の意志を実現させるために様々な自然現象を生じさせていると考えます。例えばヨハネによる福音書、第一章一節から四節には、「初めにことばがあった。ことばは神と共にあった。ことばは神であった。このことばは初めに神と共にあった。すべてのものは、これによってできた」とあります。ここで「ことば」の原語は「ロゴス」です。ロゴスは論理、因果律、法則や原理です。神であっても自然法則に従います。

仏教では神による天地創造を考えません。如来といえども、この世界を創造したわけではありません。この世界は因果律の自然法則に従って変化します。仏はこの自然法則としての「法」を悟り、それに従い、その「法」の下で自然の秩序を保つように作用します。

一神教と仏教とは天地創造の考え方は異なりますが、神・仏が自然法則に従い、全体秩序を保つように作用する所は一致します。重要なのは宗教の考え方の違いよりも、一致するところです。ここを基礎に物事を考えるべきであると思います。

人の魂の作用

自然界では神・仏が自然現象をコントロールするように、人間も魂が脳の情報処理作用や、そこから生まれる感情や思考や意識や行動をコントロールするはずです。

第一章三節「脳による囚われから解放する」で述べたように、もし魂が無ければ、五感から同じ情報入力があり、記憶や経験も同じであれば、同じ感情や意識や行動が生まれるはずです。全く同じ環境情報、記憶や経験でなくても、その内容が近ければ、近い感情や意識や認識や行動が生まれるはずです。しかし現実は、同じ環境で育った兄弟姉妹といえども、同じ状況に対する反応が大きく異なります。性格も大きく異なります。これは生まれつき、それぞれの人に異なった魂が存在するためであると考えられます。

動物と人間の違い

仏教の場合、動物にも魂があるとします。例えば動物は生まれつき本能として、その動物の種の特性に従った社会生活を送ります。また動物本能として子を守り仲間を助ける心を生まれつき持っています。また、その種の集団としての役割分担を全うします。この動物本能こそ動物の持つ魂の現れた結果と考えます。人間も動物同様に本能的に子を守り仲間を助けます。これも人間としての魂の現れた結果です。なお、人間は動物にはない、敵をも愛する精神、故人の恩を忘れない精神、神に感謝する精神、許す精神も持っています。これが動物の魂と人間の魂の違いです。

一神教の場合、魂とはこの人間特有の部分を言います。例えば、「神はその姿に似せて人を創造された」といった内容の記述があります（創世記一章二十六節、創世記二章七節）。神に形はありません。神に似せるということは、神の中の敵をも愛し、恩を忘れず、感謝し、許す高度な精神の部分を特に取り上げて述べたと思います。そしてその高度な部分が人間特有であると考えたと思います。魂の定義が異なるために考え方が異なるように見えますが、実は仏教も一神教も同じことを言っていると思います。

人間の堕落と救い

この人間の魂が神・仏に繋がっておれば、神の慈悲・慈愛・許しの精神は、自然現象として人間の魂に流れ込むはずです。しかし現実には人間は神・仏の慈悲・慈愛・許しの心から離れ、欲に囚われて奪い合い、戦争をします。そこで人間の魂が自分からこの流れを切っていると考えました。これが堕落です。また魂が神・仏に繋がらないために悪い霊気と繋がってしまい、それが原因で病気になるとも考えました。そこで聖人やイエスキリストやお釈迦様によって魂を神・仏に繋げる必要が説かれました。そして、本来の慈悲・慈愛・許しの精神を取り戻す課題を人間が背負っていると考えました。このために、慈悲・慈愛・許しの心の源となる神・仏への信仰が説かれました。神・仏を信仰することで神・仏の精神が魂に流れ込みます。苦しみの中で祈り、神・仏を求めた時に、自分の魂の中に神の声が聞こえるはずです。

人間が産まれた最初の時は本能に従います。人間として精神的に成長すれば、それが感情・思考・行動等に現れます。こうして神・仏に繋がり、慈悲・慈愛・許しの精神を自分の魂に取り入れることが出来た人は、生きている時が不幸であっても、亡くなって魂が霊になれば、その霊は神・仏の魂を含みますので、神・仏の世界に溶け込みます。そして天国に行くか、あるいは輪廻転生の苦しみから解放されます。なお、神・仏に繋がるためには、いろいろな苦難のある人生の

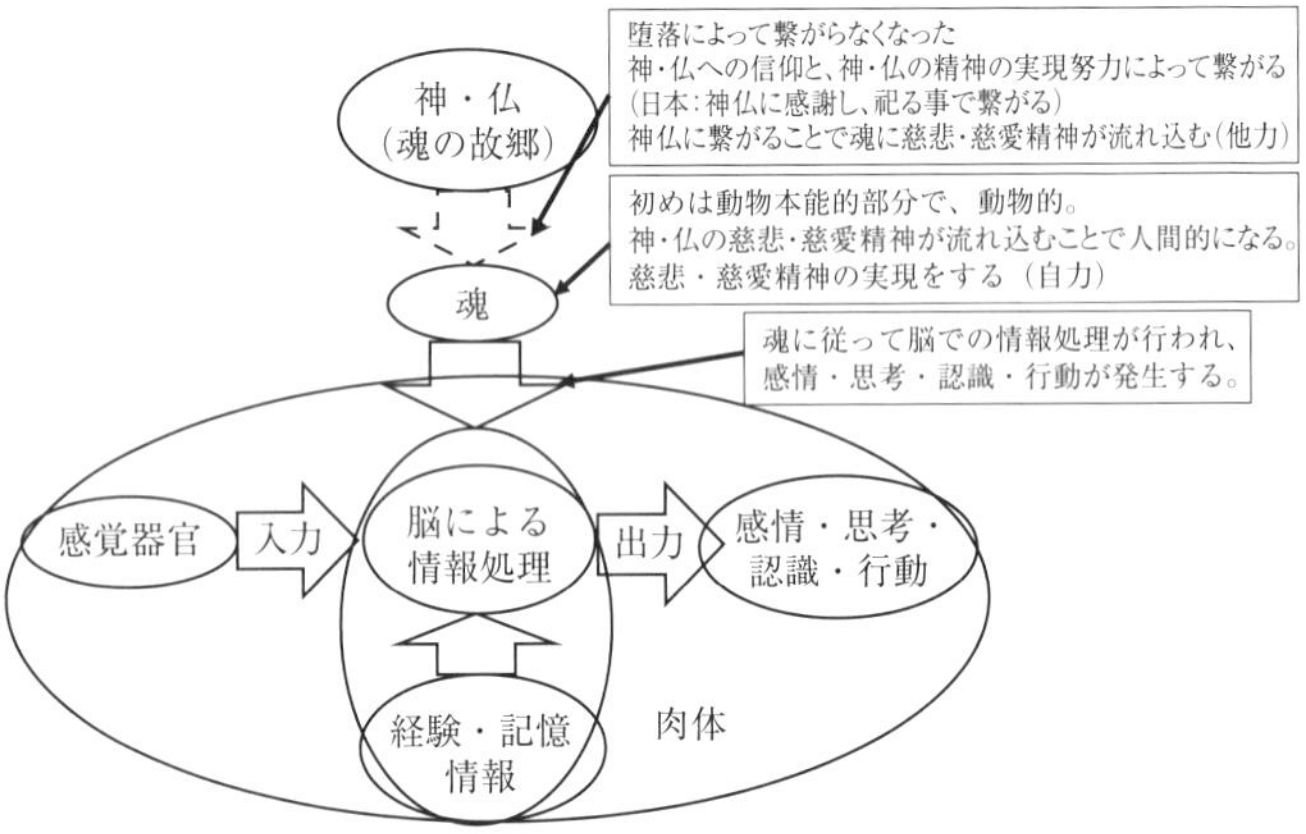

図2.4　神・仏と魂と肉体の関係

中で、正しい思考を持って慈悲・慈愛・許しの神・仏の精神を実現しなければなりません。様々な困難を経験しながら慈悲・慈愛・許しの精神を実現し、神・仏に近づきます。困難や苦しみの無い環境での慈悲・慈愛・許しの精神の実現では、神・仏に近づく量は微々たるものです。困難は神・仏に近づくために、神・仏が与えてくださったと考えるべきです。

なお、死ぬまで自分中心になる人もいます。その人が亡くなれば、霊は動物あるいは動物以下となり、それに合った、あの世に行ってしまいます。生きている間がどのように幸福でも、亡くなってからが悲惨です。

第三章　日本における神々と霊魂の考え方

一　死体と霊魂の分離

死による肉体の穢れ

日本の文化は中国の影響を強く受けましたが、霊魂観に関しては現在でも仏教伝来前の考え方を引き継ぎ、中国の考え方と異なっています。

まず日本人は霊魂を陰陽に分離しません。一つの魂で肉体をコントロールします。人が亡くなれば、たとえ魂が清く、慈悲・慈愛・許しの精神を持つ善人であっても、肉体は死体になり穢れたものと考えます。そして、人の死体から妖怪が発生し、人間の生気を奪うとされます。神話の中では、天地の神々を産んだイザナミノミコトが亡くなった時でも、死体から妖怪が発生し、イザナギノミコトを襲っています。

古代では、死体から穢れた妖怪が生じないように処理しました。例えば死体の骨を折って屈曲させたり、穴へ閉じ込めたり、重石をのせたり、火葬にしたり、動物に食わせました。最近まで土葬がありましたが、その場合でも死体を山の中の死体埋葬場所の中の適当な空いた場所に埋め、墓石を立てていませんでした。また、死体を埋葬した人は、死体から付着したと思われた穢れを川や海で流したり、塩で落としたりしました。

（北野天神縁起絵巻によれば、死体を犬やカラスに食わせています。これはチベットの風葬と同じです。）

魂が霊となって行くところ

これに対して、心残りなく亡くなった人の魂は霊となり、海の向こうや海の中の「常世《とこよ》の国」、あるいは森の中の「根の国」というあの世に行くと考えていました。あの世では、子孫などが何年間か供養をすることによって徐々に先祖神や氏神様や土地の神様に馴染み、最終的にはこれらの神々と混然一体化して霊を祀る人々の先祖神となり、全体で子孫を守ると考えました。

法事などで故人の霊を祀り偲べば、あの世から故人の霊が来ます。そして送ればあの世へ霊は帰ります。

なお、この世に心残りや執着のある霊はあの世に行くことができず、単独の霊としてこの世の地上に残り、浮遊霊となります。心残りの原因としては、子孫の問題に対する心配、子孫の故人の霊に対する強い恋慕心があります。恨み、憎しみ、無念の心がある場合は怨霊になり、地上に禍をなします。

鎮魂による怨霊の浄化

なお、たとえ怨霊となっても、その霊を祀ることで心残り、恨み、憎しみ、無念の心を解消してあげれば、あの世に行き、祀る人を守る霊になると考えました。例えば菅原道真、平将門、お岩さん、お菊さんといった強い霊の場合は神様にさえなっています。

靖国神社で戦犯とされた人々の霊を祀るのは、戦犯と云えども心残りがあり、これを解消してあの世に成仏させてあげれば、祀る人々を守る神様になるという、日本人特有の考え方に基づきます。逆に、戦犯の人の霊を祀らなければ、その霊は災いをなします。

悪人とされる人の霊に対する扱いは、中国とは全く反対になります。

二　輪廻転生の考え方

先祖神や自然の神様に還り、またそこから生まれる魂

人が亡くなれば霊は、先祖神に溶け込みます。さらにいろいろな先祖神は、その土地の神様や氏神様の元に集まります。さらに土地の神様や氏神様にも先祖の神々があり、これが日本神話に出てくる神々です。

またすべての生物には魂があると考えます。例えば一輪の花にも、一寸の虫にも魂がありま

す。この生物が死ねば、生物の魂は人間同様に霊になり、そして自然の神様の世界に溶け込みます。人間も生物も同じです。

日本の神々には山や海や風や雷などの自然や自然現象の神々もおられます。大きな石にも神様が宿ると考えます。神様は死ぬことがありません。

新たに人が生まれる時、魂は先祖神から分かれて生まれます。あるいは魂が自然の神様から分かれて生まれることもあります。従って特定の人の生まれ変わりではありません。ところで動植物の魂も自然の神様から分かれて生まれます。

魂は神様から生まれ、亡くなって霊になれば神様になりますので、仏教伝来以前は、個別の魂があの世とこの世を行き来する輪廻転生の概念ではありませんでした。あくまでも神様に帰り、また神様から生まれると考えました。

先祖神にならずに生まれ変わる若い霊

幼児の霊や事故・戦争・病気等で亡くなった若い人の霊については、残された家族は、その家族の新たな子として生まれ変わるように努力しました。そして新たに産まれた子がおれば、幼児や若くして亡くなった人の生まれ変わりと考えて大切に育てました。

その後仏教が伝来し、それが民衆に受け入れられると、仏教の輪廻転生や因縁の考え方と仏教伝来前からの考え方とが混在するようになりました。さらに最近ではスピリチュアリズムの守護霊の考え方も混在します。このように、日本では都会と田舎、年齢層、時と場合によってさらに異なった輪廻転生の考え方をするようになりました。世界から見れば、日本人は多様な考え方が混在する不思議な民族です。

無意識の世界に閉じ込められる前世

日本人は仏教伝来後、自分の魂の前世も考えるようになりました。仏教の唯識論では無意識の世界の阿頼耶識は表面化する意識に影響し、また表面に現れた意識の本質部分は阿頼耶識に蓄積されるとします。そこで日本人は、この阿頼耶識の中に前世の意識が隠されていると考えました。また、今生きている人の意識は阿頼耶識に残され、次に生まれてくる来世の阿頼耶識に隠されるとも考えました。

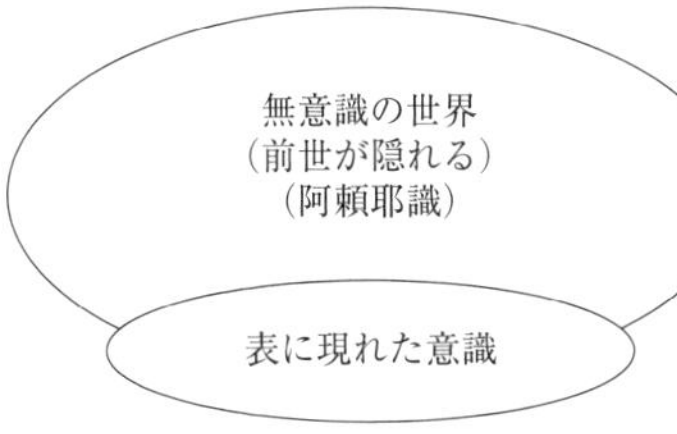

図3.1　無意識の世界

仏教伝来以前からの考え方と、この仏教の考え方が合体することで、人の魂は個別に先祖神や自然の神様の世界から分かれて生れることと、亡くなってまた元の先祖神や自然の神様の世界に還ることを繰り返すと考えました。この元の先祖神や自然の神様の世界が魂の故郷です。そしてその繰り返しにおける前世の意識や能力は魂の無意識の世界の阿頼耶識に閉じ込められると考えました。この考えでは、無意識の世界が表に現れた時に前世も表に現れます。但し前世は今生きている人の魂を助けるだけで、前世が主体になることはあり得ません。なお、今生きている人が無意識になった時に、前世が今生きている人の脳やその記憶を使って脳の情報処理をコントロールするかもしれません。例えば第一章二節で述べた私の経験での神々や霊からの声は、無意識の世界の中の前世によるのかもしれません。

魂の故郷からの支援

先祖神や自然の神様等、魂の故郷の神々からも今生きている人の魂に支援があると考えました。また、先祖様だけでなく、さらにその先祖神を守る土地の神様や氏神様や、そのまた先祖の日本神話に出てくる神々を祀ることで、いろいろな神様に繋がり、いろいろな支援が得られると考えました。そしてその支援を引き出すために、村祭りなど、いろいろな神祀りを継承しました。

自殺しても生まれ変われない

この考え方では、今生きている魂でいられるのは、あくまでも今生きている間だけです。例えば自殺によって苦しみから逃れようとしても、心の苦しみが霊に残り、またこの世に未練を残し、浮遊霊になってあの世に行けないかもしれません。あるいは亡くなって霊になりあの世に行き、また生まれ変わっても、人の魂の無意識の世界の阿頼耶識に閉じ込められるだけであり、その霊は肉体の主体者にはなれません。いつまでも苦しむことになります。

前世の因縁とは先祖の因縁

以上のように、前世が人の感情や思考や認識や行動の主体にならないために、前世の因縁を引き継ぐことは無いはずです。但し前世は今生きている人の魂と同じ魂の故郷から生まれているので、前世と今生きている人の魂の性格が似ています。その意味での因縁があります。

ところで前世も今生きている人の魂も先祖神に繋がると考えれば、前世の因縁とは先祖の因縁のことになります。従って日本では因縁は先祖から子孫に伝わると考えました。例えば「七代祟る」という考え方は日本特有です。従って日本人は、来世ではなく、子孫に悪い因縁を残してはいけないと考えました。

相手の考え方を尊重する

なお、古代の日本人はいろいろな民族が入ってきて混血をなしていました。従って以上に記述した考え方だけでなく、唯一絶対神を信じる人もいたはずです。あるいはチベット仏教やヒンズー教のような考え方をする人もいたはずです。

そこで日本人は自分の考え方を相手の人に押し付けないことを基本としました。例えば聖徳太子は「和」の精神によって、異なった文化、意見の相違を聞いて認め合い、意見がぶつからないようにしました。この日本の精神は現在も受け継がれているはずです。

現代でも日本にはいろいろな霊魂観が混在しています。これらを否定するのではなく、いろいろな考え方を尊重しながら共存する文化を残すことが大切だと思います。

三　日本の神々の特徴

最も尊ばれる神は最初の神ではない

今まで亡くなった人の霊について説明してきましたが、次は人の魂の根源であり、これらの霊を統括される神様の考え方について考えます。

日本の神々は唯一絶対神の考え方はしません。八百万《やおよろず》の神々が協力しあう考え方です。これに対して海外では、神々や万物を創造した最初の神様が最も尊いとされます。例えばアッラーの神様が他の神々や魂やすべてのものを創造されたのであれば、最も尊いのはすべてを創造されたアッラーの神様です。ヤハウェの神様が最初と言えばヤハウェの神様です。ところで、日本神話での最初に成った神様はアマノミナカヌシノカミです。「成る」の考え方は、何らかの神によって創造されるのではなく、自然に成るということです。この神様から始まって神々が成り、その子孫として、さらに多くの神々や、人間が生まれます。ところが日本神話では最初の神様が最も尊い神様となっていません。八百万の神々の一柱でしかすぎないのです。

例えば伊勢神宮ではアマテラスオオミカミが最も尊ばれます。十月の神無月では神々が出雲に集まりますから、その会議の議長のオオクニヌシノミコトが最も尊ばれます。時と場合により最も尊い神様が変化します。アマノミナカヌシノカミを祀る場合でも大きな神社で単独に祀られることはあまり無く、神社の中で八百万の神々の一柱として祀られることが多いのです。

あるいはアマテラスオオミカミの父親はイザナギノミコトですが、伊勢神宮では父親よりも娘の方が有名です。オオクニヌシノミコトの先祖（父）はスサノオノミコトですが、出雲大社では先祖（父）よりも子孫（子）の方が有名です。そして伊勢神宮、出雲大社はそれぞれ最高位の神社です。

（オオクニヌシはスサノオに対し、古事記では子孫、日本書記では子になっているので、先祖（父）、子孫（子）と表現しました。）

古代日本の宗教の共存

神々の平等を考えたのは、古代の日本が海外からの移民で成り立っていたためだと思います。移民はそれぞれ異なった神を信じていました。そこで、「和をもって貴しとなす。」として、いろいろな移民の持っていた神様をすべて家族にし、しかも位の上下を無くし、平等にしたのだと思います。また、最初の神様であっても、後から生じた神、子や子孫の神に従う神様にすることで、どの神が最初かを争い優劣をつけることを無くしたのだと思います。私はこの思想が日本の宗教の姿だと思います。「○○の神が最も尊い」「◎◎という人が最も聖人であり能力が高い」と主張する宗教は日本人には受け入れられないと思います。

また、日本人が別の土地に移り住めば、その土地では自分たちの信仰する神様とは異なった別の神様が信仰されていました。そこで、その土地の神様や人々の風習にも従い、これによって争いを避けました。また、日本の神話によれば、リーダーはできるだけ移住先の土地の女性と結婚してその土地の文化も引き継ぎました。

この考え方は現在にも通じます。現在でも日本人は海外に移住して暮らす人が多くいます。この場合はその土地の人々の信仰に溶け込み、その人々の文化も引き継ぐことで日本人がその土地に溶け込んでいます。日本人にこれができるのは、古代からの先祖様の信仰のおかげだと思います。

神々の会社組織

この日本の神々に対する信仰の考え方をわかりやすくするために、会社組織を例に説明します。例えば日本国という会社は、日本神話ではアマノミナカヌシノカミが中心となり、タカミムスビノカミ、カミムスビノカミが協力して創業したとされます。ところがこの三柱の神は日本神話の記紀によれば、すぐに隠れてしまったとされます。そしてアマノミナカヌシノカミは二度と神話に現れません。即ち会社であれば創業者が亡くなったということです。そして次に会社を継いだのがイザナギノミコトとイザナミノミコトという夫婦でした。ところが現在では妻は亡くなり、夫は会長となり隠居されました。そして今ではイザナギノミコトの娘のアマテラスオオミカミが社長になり、アマテラスの弟のスサノオの子であるオオクニヌシが取締役になっています。会社では創業者も会長も大切ですが、実質経営するのは社長・取締役ですから、最も敬うのは社長・取締役です。会社創業者ではありません。

なお、社員が作業するときは社長・取締役から直接命令を受けるわけではありません。また社長・取締役から直接守られません。部長・課長とコミュニケーションをとりながら作業します。同様に、自分の村には氏神様がいて、先祖神がいます。その神々の守りのもとで生活します。従って身近に信仰するのは氏神様や先祖神ということになります。さらに、神々にはいろいろな部署があり、森や海等の自然を統括する部署の部長・課長もいます。役割は社長から平社員までありますが、あくまでも役職というのは役割分担であって、神々は皆平等です。また、自然や自然現象にも神々が宿るとされ、これらの神々も平等です。

海外の神々による別組織との共存

この考え方から、海外の創造主の神様と云えどもすべての神は平等と考えました。こうして日本人は海外の神々も平等に受け入れました。なお、海外の神は日本の神の組織に編入されることはありません。別組織との共同経営の考え方です。そして例えば結婚式はキリスト教の神の組織に従ってキリスト教で行い、葬式は仏教の仏の組織に従って仏教で行うようになりました。イエスキリストの神や仏の世界すべてにも組織全体としての役割分担があるという考え方です。他組織との共同経営で人を守ります。

以上のように、日本人はアマノミナカヌシノカミやアッラーやヤハウェやキリストの神が最初の神様で創造主であっても、八百万の神々の中の一柱の神と考えて他の神々と平等に尊び祀ります。そのためにキリスト教、仏教などすべての宗教を平等に受け入れ、時と場合で信仰する神を変えてしまいます。さらに、石や木に神が宿り、それを祀っている場合、そこに宿る神も八百万の神々と平等です。「石や木が被造物であるから、最初に成ったアマノミナカヌシノカミの支配下にある」とは考えません。従って自分の先祖神や氏神様、その氏神様がつながっている神々、あるいは檀那寺（先祖から所属する寺）の仏だけを信仰するわけではありません。

仏教での共存

日本の仏教も同様です。最も尊いのは如来様ですが、如来様には釈迦如来、薬師如来、大日如来、阿弥陀如来など様々な如来様がおられます。各如来様の働きは異なり、役割分担があり、役割に応じて最も尊い如来様が変化します。そしてすべての如来様が平等です。位の上下はありません。また、真言宗は大日如来、浄土真宗は阿弥陀如来、禅宗は釈迦如来を信仰しますが、真言宗も浄土真宗も禅宗もすべての宗派が平等に交流しています。

四　日本人の信仰

先祖信仰

以上説明したように、今生きる人にとって最も身近で守っているのは自分たちの先祖神です。そして先祖が信仰していた自然の神々や、先祖から住んでいる土地の神々も守ります。そして「あの世」に行った自分の親の霊、先祖、先祖が信仰した自然の神々、先祖から住んでいる土地の神々、自分の魂、親族の魂、子孫の魂、すべての魂や霊が時間軸を超え、過去から未来へ魂の世界で繋がっていると考えました。また魂が繋がっているが故に、自分たちの身近な所でいつも自分たちを守ってくれていると考えました。

その先祖神や土地の神に守られていることを感謝することで先祖神や土地の神は喜び、そして守る力を得て、より強く自分を守ってくれます。従って、自分にとって最も重要な場所は、自分の親や祖父母の霊を祀る寺や、先祖神や氏神様や土地の神を祀る神社ということになります。また、本来の最大のパワースポットは、自分にとっての氏神様や土地の神様を祀っている神社ということにいなります。決して大きな神社とは限りません。

神社参拝手順

以上のことから、伊勢神宮、出雲大社等の大きな神社や高野山のような寺の本山や聖地とされ

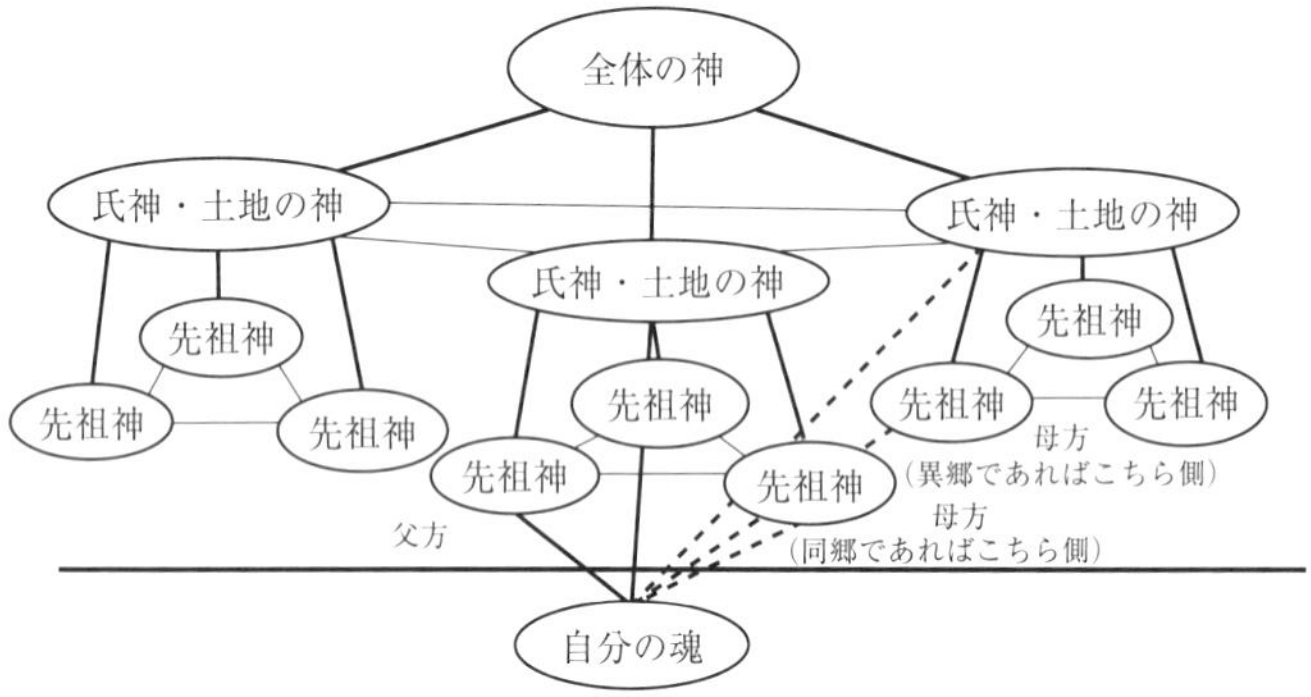

図3.2　自分の魂と先祖神や神々との関係

る所に参拝する場合でも、まず氏神様を祀る神社で自分に対する毎日の守りを感謝してから行きます。これが毎日守ってくださっている魂や神様に対する礼儀ということになります。会社組織として考えても、いきなり社長・取締役に会うのではなく、まず自分の直属上司に会い、その仲介を得てから社長・取締役に会うのと同じです。

また、大きな神社で祀られている神様は、各地に散らばった先祖神や氏神様や土地の神様を使って民衆を守ると考えました。

移住した時の信仰

なお、自分の先祖から住んでいた土地を離れた場合、先祖神を祀る寺や氏神様が遠くなります。その場合は、まず移住した先の檀家を祀る寺あるいは氏神様にお参りします。そして新たな土地の人々とともに土地の神様の祭りに参加します。そうでないと、土地の神様の守りがありません。また、自分の親・祖父母の霊や先祖神は、自分がどこに行こうが、自分の魂とともにあります。先祖神は、新たな土地の神様に守られながら自分たちを守ってくれるという考え方です。

海外に住むようになった場合は宗教が異なります。例えばアメリカの場合、その土地の人々が毎日曜日に行くキリスト教の教会に土地の神様がおられ、その神様がその土地の人々を守ると考えます。従って、その土地の人々と一緒に、その土地のキリスト教の教会に行けばよいと思います。

祈りの基本としての感謝

寺や神社に行ってからの祈り方を述べます。これは目上の人に接するのと同じです。例えば「家内安全」「病気平癒」「健康祈願」「商売繁盛」と願い事ばかりを言って祈るのでは仏様や神様に失礼です。仏様や神様は、誰に対してどうすればよいのかわかりません。まず毎日自分を守ってくださっている仏様や神様に感謝しなければならないでしょう。感謝でも単に「毎日守っていただいて感謝します。」とだけを、お題目のように唱えるのでは感謝の心がこもりません。過去の何かうまくいったこと、助かったことを思い出してそれを述べて感謝します。思い出せない場合は、毎日楽しく過ごしている姿を思い出して感謝します。毎日地獄のような苦しい心であれば、命だけでも続いているわけで、それを感謝します。祈る場合はこれだけで終わっても構いません。

神・仏への願いの手順

なお、何かをお願いしたい場合は、感謝の後、人間と仏様や神様の協力で願いを成就させる考え方をします。そこで、自分の願い事の目的、自分の役割分担や努力を述べ、その後、仏様や神様にその協力をお願いします。願い事成就のための自分の役割分担をすぐに思いつかない場合は、紙に書いて整理し、それを読んでも構いません。元々神主様が書く祝詞はこの目的でした。

例えば大学受験での合格祈願の場合では、まず神様に今までの学校での生活を守ってくださったこと、学校の成績等を感謝します。成績が悪くっても、それなりに何か成果があるはずです。あるいは病気にならずに勉強できたことがあったはずです。それを思い出して感謝すればよいのです。悪かったこと、神様がついていないと思ったこともあると思いますが、良かったことだけを思い出してください。次に大学で学ぶ目的です。科学技術を身に付けて技術者として社会に貢献したい場合は、どのような技術を、どの大学、どの学部で身に着け、結果どのように活用したいのかを具体的に述べます。次にそのために自分はこれからどのように勉強するのかを述べます。そして神様に協力してほしいことを具体化します。例えば苦手とするところが理解できるようになることをお願いします。そして最後に全体としての大学の合格祈願です。ここまで整理してお願いしないと仏様や神様はどうすればよいのかわかりません。

寺や神社に行かなくても家庭でも仏壇や神棚で仏様や神様に祈ることができます。これも神様に感謝してから、行動する目的を述べ、その成功のために自分が行うべきこと、そして神様にお願いすべきことを洗い出し、それを紙に書いて整理します。自分が行動できない場合は、「私は祈ります」でも結構です。

これによって自分の意志や信念が生まれ、行動が生まれます。また、問題発生しないように事前に対処しておく考え方も生まれます。

先祖神が願いを叶える手順

生きている人に問題が発生すれば、その問題が親・祖父母の霊や先祖神に伝わります。そこから土地の神様に伝わります。土地の神様で解決できそうな場合は、土地の神様がその範囲でいろいろな能力のある先祖神たちや自然の神々を集め会議を開き、そして別の先祖神から生まれた子孫を調達し、その子孫の人が問題を持つ人を助けます。土地の神様の範囲で解決しない場合はさらに多くの土地の神様が集まり、より広い範囲で人が調達されます。この考え方は、天の岩戸で八百万の神々を招集して会議を開き、問題解決した神話として残されました。

「おもてなし」の精神の原点

この考え方から昔の人は、見ず知らずの助ける人が現れるのは、土地の神様や先祖神のおかげと考えました。それでこのことを「先祖様の引き合わせ」と言い先祖神に感謝しました。こうして神様に祈ったことに対しては、必ず誰か助ける人が現れ、その人の具体的な協力や行動によって願いが成就されると考えたのです。

この考え方の結果として、日本人は遠くから来た見知らない人であっても「きっと先祖様や神様の引き合わせた縁であり、先祖様のおかげである。」と思い、先祖神や神様に感謝してもてなしたのです。但し、もてなしても助けてくれる見返りは期待しません。だれが神様の派遣した人かわからないためです。神様が派遣した人であれば本人から助けるはずですから、期待せずにそれを待つだけです。これが日本人特有のもてなしの精神になりました。今現在ではこの精神が忘れられ、形式的・表面的なもてなしとなっています。道徳教育でも、その心が教えられず形式的な道徳が教えられるだけです。これではいつかは化けの皮がはがれます。私はそれを危惧します。本来の日本人の精神の原点を取り戻すべきと思っています。

五　弔い方の変遷

アイヌの風習から窺える古代の風習

アイヌの人々の風習は、日本の古代の遺跡発掘情報から窺える古代人の風習と一致するところが多くあります。さらに、アイヌの人々の故人の霊をあの世に導くのは火の神としますが、日本神話でもイザナミノミコトは火の神によって亡くなったとされます。また、日本神話でのイザナギノミコトがあの世でイザナミノミコトに出会い、そこから逃げるまでの行動は、樺太のアイヌの葬儀での儀式と一致します。従ってここではアイヌの人々の風習も古代の弔い方に共通すると考え、魏志倭人伝や日本神話やアイヌの人々の風習を参考にしながら記述していきます。（参照：内山達也『樺太アイヌの埋葬形態についての一考察』城西国際大学研究ノート）

古代の弔い方

人が亡くなれば、遺体を安置する喪屋を作って殯《もがり》を八～十日行いました。なお、魏志倭人伝によれば貴人の場合三年という記述もあります。殯の間、遺族は泣いて過ごしましたが、遺族以外は酒を飲み歌舞をしました。歌舞をしたのは故人の霊が心残りなくあの世に旅立つためです。

故人の行いを良いこと、悪いことすべて話すことで神の許しを得る

殯の間には故人の生前の行いをすべて話しました。悪事があった場合はこれを明らかにして仲間や神の許しを得ました。これが祓《はらえ》の考え方です。例えば大祓《おおはらえ》では人の罪を大祓詞《おおはらえのことば》として列挙して述べ、人の罪に対する神の許しを得ます。なお、現在の通夜でも故人を偲ぶ形で生前の行いを話しますが、これは古代の祓の風習が残ったものかもしれません。

遺体の埋葬

殯期間が過ぎれば遺体の埋葬です。三内丸山遺跡の発掘調査では、大人は骨を折り屈曲させて埋める土抗墓であり、道路沿いに列をなすなど住居の近くに埋葬しました。弥生時代になると集落の近くに墓を集めた共同墓地の区画を作って埋葬しました。弥生時代までは一人一人の遺体を別々に埋葬したようです。なお、亡くなったのが子の場合、親は遺体を甕に入れて住居の近くに埋め、霊を呼び、再度生まれ変わってくれることを望んだようです。この風習はアイヌの人々にも残っています。即ち、輪廻転生しないと考える大人の死と、転生させたいと考える子供の死で埋葬方法を変えました。

埋葬後の清め

埋葬後、埋葬者は水に入って体を清めました。その後、古事記でのアジスキタカヒコネがアメノワカヒコの葬儀でとった行動の記述と、アイヌの風習、双方共通して遺体を安置していた喪屋を焼くか跡形もなくなるまで壊しました。そして故人の霊は、自宅で先祖神として祀ったようです。

その後、七世紀末の薄葬令《はくそうれい》や仏教の影響で埋葬が簡素化され、殯は現在での通夜の風習として残りました。また、喪屋は省略され、埋葬もまとめて山の斜面の所に埋めるか、獣に食わせるか、火葬にするなど簡素化されました。

昭和時代までの田舎の遺体埋葬

現代では、通夜の後、葬式があって遺体は火葬されます。そして葬儀参列者は家に帰れば塩で

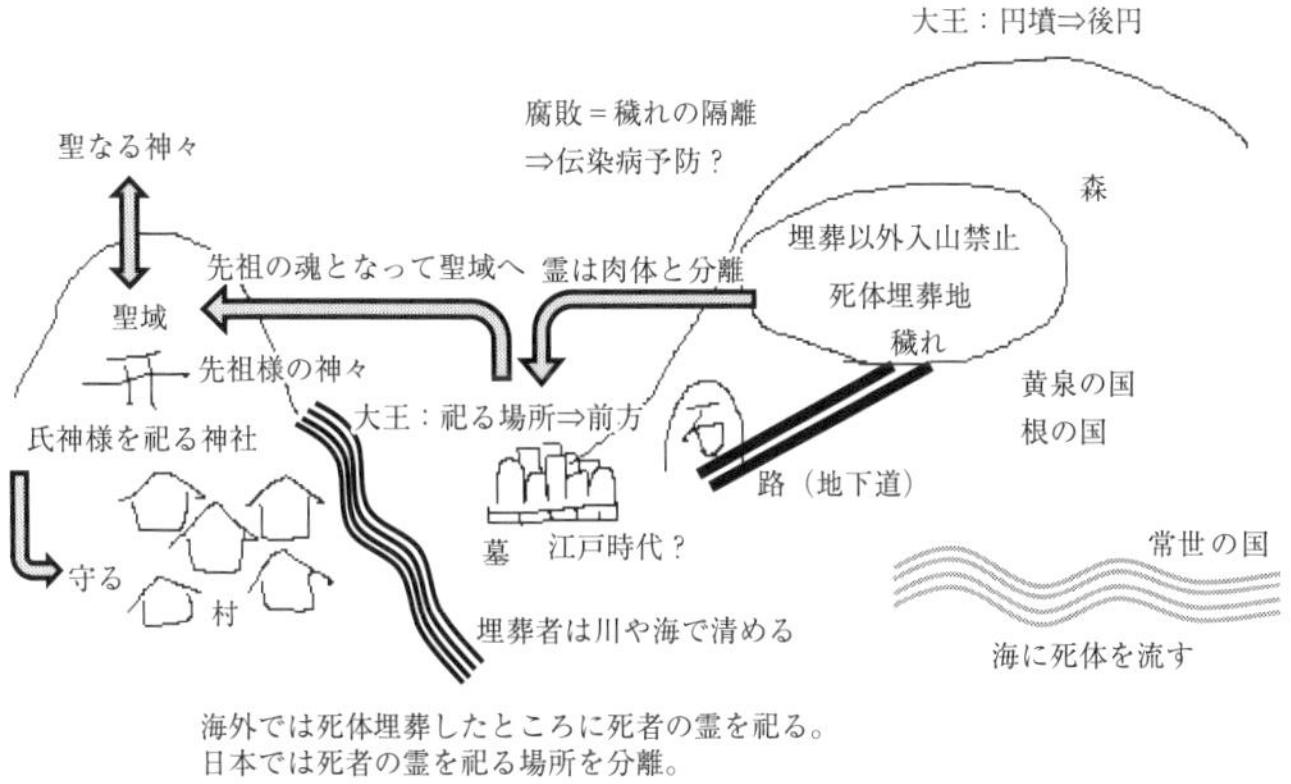

図3.3　日本における遺体埋葬と故人の霊の祀り方

身を清めます。なお、昭和時代までの田舎では土葬も残っていました。私が調査した情報（淡路島、奈良県等）から、土葬による埋葬を絵にしてまとめました。

まず、埋葬地が山の裾の森の中にあり、そこに至る道の入り口には道祖神としての地蔵尊か石が置かれていました。埋葬地では穴を掘り土葬しましたが、その位置は決まっていません。できるだけ最近埋葬されていない所を選ぶだけです。埋葬地は埋葬以外の入山を禁止していました。なお、古代の海に住む人々は海洋民族の風習に従って船に遺体を乗せ海に流したかもしれません。そして古代と同様に埋葬者は埋葬後に川で身を清めました。

遺体埋葬地と墓地の分離

埋葬地の外には、亡くなった人の霊を祀る場としての墓が別にありました。この墓に骨を入れることはありません。単に墓参りの石碑としての墓です。但しここに墓を作るようになったのは江戸時代以降と思われます。そして、墓で故人の霊の供養を行います。火葬をする村では骨を納骨堂に一括して納め、骨を納めていない墓を別に作り、墓で故人を供養していました（熊本県）。

海外では遺体を埋葬したところに墓を作ります。埋葬場所と祀る場所は同じです。埋葬場所と祀る場所を別にしたのは日本特有です。死体の腐敗状態から妖怪の様な霊が発生して禍をなすことを恐れたか、あるいは伝染病の蔓延を恐れた結果かもしれません。また、遺体は穢れたものであり、魂は別にあると考えたことにもよります。

墓や位牌の存在

「『お葬式　死と慰霊の日本史』新谷尚紀、吉川弘文館　二〇〇九年」によれば、奈良県のある村での明治～昭和三十七年の調査結果では、墓石があるか、墓石に名が刻まれているのは二十％であり、そのほとんどが幼児、若い女性、事故死、戦死という結果でした。従って墓は「この世」に心残りが強いと思われる人々のために作ったと思います。また位牌については本家当主のみのごく一部でした。これは本家の当主を代表として先祖神や、その血縁の故人の霊を祀ったためと考えられます。

前方後円墳

古代の大王の墓としては、円形の墳墓を作り、そこに竪穴、後に横穴を掘って遺体を埋葬しました。横穴式古墳の場合は埋葬に使った横穴の入口を大きな石で塞ぎました。そして民衆と同様に、そこは穢れた場所として入山禁止にしました。そして魂を祀る場所としてこの円形の墳墓に方形の広場を作りました。この結果が前方後円墳です。埋葬する場と祀る場を分けることでこの形が生まれたと考えられます。即ち、古代の大王も現代に至る民衆も、同じ考え方で埋葬したと考えられます。

四十九日の霊を送る儀式

遺体の埋葬後は故人の霊をあの世に送る儀式があり、こちらの方が大切です。故人が亡くなって四十九日間は家の周りに霊があり、その後霊はあの世に行くと考えます。この間、遺族は亡くなった霊に死を認識させ、この世への未練を無くさせ、自然と成仏させます。

霊を送ってからの供養

霊があの世に行ってからの祀り方ですが、古代の風習を残すアイヌの人々は命日や墓参りは無く、一～二年で霊は神様になると考え、毎日家庭で火の神を通して先祖神として供え物を捧げ、また定期的に神々を祀る儀式をします。古代でも同様であったと考えられます。

その後、儒教や仏教の伝来によって盆や回忌の考え方が伝わり、現在に至っています。この考え方では、最初故人の霊は、あの世で個別に存在しています。そして毎年の盆や命日の墓参りや、決められた年の回忌供養で徐々にあの世へ同化します。そして、例えば三十三回忌が終われば「年忌明け」と呼び、あの世に完全に同化して霊から神様の魂になり、自宅の神棚や氏神様を祀る神社で祀られます。

神仏混淆信仰

昔は神仏混淆で神社とお寺が一体であり、同じ境内に存在することが一般的でした。そしてお寺では故人の霊を盆や命日や回忌ごとに祀り、回忌明け後は先祖神や氏神様として神社で祀りました。各家庭にも仏壇と神棚があり、亡くなった人の霊は仏壇で祀り、神様になれば先祖神や氏神様として神棚で祀りました。さらに神棚には、より大きな神社や大社でいただいたお札を中心にして、多数の神様のお札も一緒に祀りました。

明治時代になると、廃仏毀釈など国家神道が強くなり、仏教と神道の分離政策がなされ、神社の敷地内のお寺が壊された所がありました。これは本来の日本人の信仰の姿ではありません。それでも民衆の家庭の中では、神仏混淆が残されました。

また、昔の日本では先祖供養を子々孫々つなげ、家系を守ることを大切にしました。このために後継者がいない場合は、養子縁組がなされました。

戦後の埋葬の高級化

戦後、都会を中心に埋葬儀式が高級化し、江戸時代の上級武士や貴族のレベルの埋葬が普及しました。このため故人毎の墓、故人毎の戒名や位牌となり、埋葬が急激に高級化しました。墓の掃除のやり方で運勢が変わるという考えさえも生まれました。これらの高級化は、霊魂に対する考え方があやふやになり、故人の霊に対してどこまで供養すればよいのかがわからなくなったためだと考えられます。

また、戦前までの日本では、生きている人を守護するのは先祖神や氏神様でした。従って、自宅の神棚に向かって、先祖神や氏神様の守りを毎日感謝していました。ところが戦後に先祖神や氏神様ではなく、別の霊界から人を守る守護霊の考え方が生まれました。これにより、自宅の神棚に向かって感謝するということが消えつつあります。従って、現在では感謝する対象があやふやになっています。

水子供養

また、水子供養も最近生まれた考え方です。古代では子が死産あるいは産まれてすぐに亡くなった場合は、遺体を甕に入れて家の入口あるいは住居の近くに埋め、妻がそれをまたいだ時に再度その魂が胎内に宿り、次の子として産まれることを祈りました。それが失敗しても孫、あるいは親族の子になって生まれると考え、娘や親族の女性にこれを継がせました。その後、子供の遺体を甕に入れて家の近くに埋める風習は無くなりましたが、水子の魂に何度も産まれてくるチャンスを与えようとする考え方は残ったはずです。即ち、供養というよりも再度子を産むことに集中したはずです。あるいは失敗した場合は孫や親族の子として生まれることでもよかったと思います。私は、これこそが正しい水子の霊に対する対応だと思います。

さらに、アイヌの人々は妊婦が亡くなった場合、巫女が妊婦の腹を裂いて胎児を出し、母に抱かせて埋葬しました。子を胎内のままにして埋葬すれば魂が出られないと考え、胎児の魂を開放して再度親族の家族に産まれてくるようにしてあげるためです。また亡くなった妻の思いも大切にしました。

沖縄の埋葬

沖縄の埋葬は東南アジアの海洋民族の影響があります。遺体は最初穢れていると考え、一旦風葬あるいは、土葬を行いました。ここまでは一般の日本人と同じ考え方です。但しその後、遺骨を海水や酒で洗い清めた後に甕に入れて墓に埋葬しました。現在では骨を洗う風習は消え、すべて火葬になっています。

墓の形は中国南部の影響を受け亀甲型に装飾し、前に祭祀を行う墓庭を設けます。しかし、中国が個人毎に埋葬するのに対し、沖縄は家族単位や父系親族単位に祀ります。亡くなった人の霊は皆先祖神に溶け込むと考えたためです。そして墓を母の胎内と考えました。胎内に先祖神があるということは、先祖神から分かれて子孫の魂となって産まれてくることを願うためだと思います。即ち、先祖神は子孫を守る神となるだけではなく、自分の魂は先祖神から生じ、前世は先祖という考え方です。

六　弔い方への提案

弔う目的

亡くなった人の霊は見えないため、その霊に不満を抱かせないようにする思いから儀式が盛大化する傾向があります。しかし、葬式費用で子孫や家族の生活が圧迫される方が霊にとっては不安でもあるはずです。できれば生きているうちに家族と弔い方を相談しておけば家族も安心できると思います。

弔う目的は故人の霊がこの世に対して心配や未練や無念が無いようにしてあの世に行かせてあげて成仏させてあげることです。そこで、故人の心配に対しては安心を与え、未練や無念に対しては生きている人が代わってそれを晴らしてあげることが重要です。

四十九日の心がけ

例えば故人が亡くなってから四十九日は、遺産相続の解決など、故人の心配事をすべて消し、あの世に安心して行かせてあげ、成仏させてあげるための日程です。またこの期間、「いつまでもここにとどまって見守ってください」といったような霊を引き留める思いは厳禁です。「この世の心配事は私たちが解決しますから、安心してあの世に行き、成仏してください」と祈ってあげなければなりません。こうして霊が安心すれば、霊はあの世に溶け込み成仏できます。故人の霊が安心できなければ、四十九日過ぎてもこの世に残り、成仏できません。子孫など生きている人の誰かに寄り添って、必死で心配事の問題解決を、その人にお願いしているはずです。誰かが損をとってでも、故人の残した問題を解決してあげることが故人にとって最大の供養です。故人の霊は問題解決した人に非常に感謝してあの世に行き、成仏します。

あの世に送ってからの心がけ

人が故人を思えば、故人の霊の中から、故人を思った人の魂と同調した部分がやってきます。故人を思うためには道具が必要です。それが仏壇、位牌、墓だと思います。なお目的から考えれば、例えばペンダントもよいと思います。但し、頻繁に霊を呼べば霊はあの世に同化できなくなるので、決められた時に供養をします。

例えば、百か日、初盆、一周忌、といった時に親族が集まって供養をすれば、故人の霊が呼ばれます。この目的も、霊を安心させこの世の未練を無くさせることです。従って、ここでは故人の霊を安心させる会話や思いや行動をして楽しく過ごします。「いつまでもそばにいてほしい」

という思いや、嘆き悲しむのでは霊が安心できません。ましてや遺産相続争いの未解決や、遺産相続の不満の思いは厳禁です。故人の霊に未練や無念がある場合には、これを肩代わりして子孫が引き継ぐ思いや会話をします。あるいは故人の霊に感謝し、また自らも親への感謝、子や孫を愛する心と行動を見せます。儀式の盛大さよりも重要なのは故人の霊を弔う人々の心だと思います。

霊が安心すれば、霊を送ることで霊はあの世に帰ります。

霊が先祖神になるまで

ところで、故人の霊から子孫を守る先祖神や神様になるまでの期間ですが、故人の霊が安心すれば、私はアイヌの人々の考え方同様に、三年までにあの世に同化して子孫を守る神様になると思います。そしてそれ以降は霊を祀る目的で回忌供養を続ければよいと考えています。しかし、子孫が分裂するなど故人の霊に心配事があれば、心配事が解消されるまで、あの世に溶け込むことができず、子孫を守る先祖神や氏神様になれません。

故人の霊が先祖神になれば、村祭りによって、村全体を守る土地の神様とともに先祖神や氏神様を呼ぶことができます。

七　あの世での暮らし

霊のあの世での暮らしの考え方は仏教の影響があります。これを簡単にまとめます。

魂の故郷に帰るまで

人の生と死の境には、先に亡くなった人々の霊に出会ったり、三途の川を見たり、花園を見たり、光に包まれる臨死体験があます。なお、臨死体験の段階ではまだ脳には蓄積された記憶が残っており、その記憶に基づく幻覚を見ます。しかし臨死体験を過ぎ、完全に脳も肉体も機能しなくなれば魂は霊になります。これについては、本書の第一章二節に私の記憶喪失体験を記述しました。ここに記述したように、霊になれば記憶や感情や思考は消えますが、生きていた時の魂の能力や性格が残ります。前世も前世特有の能力や性格を持ちますが、これも魂の故郷に帰ります。

なお、遺族がその霊を思い出して感謝し弔えば、霊は弔う人によって記憶を再現することができます。また、遺族の記憶を霊が共有することもできます。あるいは霊を感じることができる霊能者がおれば、その人の脳や肉体を使って霊の意識を表現することもできます。私自身も私と関係を持ったことが無い亡くなった人の霊と会話し、その霊から得られた情報が正しいことを確認したことがありました。

霊になり、例えば四十九日の法要などによって自分の死が認識されれば、その霊の性格や意識に従った魂の故郷に帰ると思います。

霊の行く世界は、生きていた時の善行や悪行では決まりません。そのような記憶は霊に存在しないからです。あくまでも亡くなる瞬間の魂の意識や性格で決まります。

例えば遊ぶのが好きな性質の霊の帰る魂の故郷は、人を守らずに遊んでばかりです。子孫に対しても全く関心がありません。但し遊んでばかりが天国というわけではありません。むしろ遊びは「飽き」との戦いで苦しむことになります。

人を助ける性質の霊の帰る魂の故郷は、常に人とともに行動し、人と一緒に苦しみ、また達成感を味わいます。仏教でいう天界とは遊ぶ世界ではなく、むしろこの世界のことです。

これ以外に妬み・嫉妬が強い霊が帰る魂の故郷、恨みの魂の故郷、欲でいっぱいの魂の故郷、戦いで勝つことが好きな魂の故郷があります。霊は自分の霊の性格に合った世界に行き、その自分の霊の性質に自ら苦しみます。

また、亡くなる時に過去を悔いる思いがあれば、その思いや意識は霊に受け継がれ、悔いる思いに苦しむ霊になります。ところで、後から悔いるようなことを生きている間に行いたくありませんが、人生でそのようなことは不可能です。そこで、たとえ失敗しても失敗を感謝し、自分の意識を改善し続ける必要があります。これについては、第四章で詳細を述べます。また自己中心の意識が残れば、愛していた子でさえも認識できません。わが子にも感謝する意識を持たなければなりません。

菩薩界以上の世界

菩薩界以上の魂は、人間に固執せず地球や宇宙全体の秩序を保つための魂になります。人間としての輪廻転生は必要なくなります。自然の中には大災害もあります。生命体の滅亡もあります。これを消すことは地球の摂理から不可能です。しかし調整することで自然環境の被害を最小限に食い止めることは可能です。この魂は、それを地球規模・宇宙規模で行っているはずです。なお、人類を諌めるのもこの調整のための一つの働きになります。そこで、この目的でわざわざ人間の姿を借りて菩薩界以上から産まれてくる魂もあるかもしれません。このおかげで地球に人類や生命体が繁栄しています。調整が無ければ地球は火星のようになっていたはずです。

八　結婚による先祖の魂のむすび

結婚の意義

結婚は生きている人の縁だけでなく、その背後の先祖の縁や魂の故郷の縁を結びます。離婚はその縁を切ることです。特に子を産むか養子を得て、子を愛し育てることで、子の魂を「かすがい」として夫婦の魂や、それぞれの先祖神の繋がりが強化されます。また、これにより、先祖神や魂の故郷の神々は感謝します。

夫婦それぞれ先祖や魂の故郷が異なることから、性格不一致は当たりまえです。それでも先祖や魂の故郷のために、お互いに協力し合って子を育てることが大切です。

子による夫婦の魂の縁むすび

子を育てることで親の愛情が子に注がれ、心や魂が子を通しても繋がります。子は養子でもかまいません。親の愛情が最も大切です。DNAは肉体的な繋がりでしかすぎません。

子から見て先祖はあくまでも魂の先祖であり、生みの親と育ての親が異なる場合は、子に注ぎ込んだ愛情が強い側の先祖神が魂で繋がると思います。

両親双方の先祖神からの守り

先祖神の守りについて考えれば、子の魂から見て、先祖神は父方、母方双方平等です。従って双方から守られます。だから本来は父方、母方双方平等に先祖神を祀り、感謝します。夫婦でも夫と妻で双方の先祖祭りに参加するのが自然です。現代では父方優先ですが、それに囚われる必要はありません。

夫婦の平等

夫婦生活でも夫と妻は平等です。「家族のために犠牲になる」「お互いに自らが犠牲になって家族を支える」という考えは間違っていると思います。犠牲の精神は何も生みません。苦しいだけです。「犠牲」ではなく、お互いを平等とした協力関係を築くことです。例えば夫は家族のために働き、稼いだお金はすべて妻に渡します。妻もパートで働きますが、家族のために家事をし、子を産み育てます。このようにお互いに協力して家庭を維持します。

相手の価値観の尊重

平等な協力関係である以上、相手にとって最も大切なものや事を犯したり、自分の考えで支配したりしてはいけません。自分自身も相手が大切にしているものを大切にしてあげなければならないのです。こうして相手を認め合わなければ協力関係は生まれません。

相手が大切にするものは自分から見れば無駄に見えるかもしれません。でもそれを認め、夫婦がお互いに相手の大切にするものを見つけ、お互いに大切にすることで魂が通じ合います。この魂を通じ合わせることが「愛」の原点ではないでしょうか。魂を通じ合わせることで形だけでなく魂の世界でも先祖神や魂の故郷が繋がります。これこそが神様の望む世界です。

思い通りにならない時

但し、相手を大切にすることが最もむつかしいのです。相手から犠牲を強要されることがあるからです。この時どうするかです。自分としては仕方なく受け入れるしかないでしょう。自分の大切にしていたものを自ら捨てることになるでしょう。苦しいです。一旦自分が死にます。但し、それでも自分は相手に犠牲を強要せず、相手の大切にするものを大切にしてあげる心を持ち続けたいです。それが魂の力だと思います。

第四章　心の癒しと霊性の向上

一　霊感について

霊の感じ方

霊の感じ方は人によって異なると思いますが、ここでは私の例で記述します。霊と出会う時は、相手が霊という感覚はありません。昼間でもどこでも感じるときに感じます。なお、常時感じているわけではなく、無意識の状態の時に霊を感じています。その時に、生きている人と同じように対話してしまいます。それを他人が見れば変人に見えます。遠隔にある場所や人の状況を感じるのも無意識的に見えるのです。意識したり思考すれば逆に消えます。

いろいろな霊のとらえ方

ところで、ここで感じる霊ですが、あの世に行けず地上に残った霊か、あの世からこの世に来て人々を守っている霊のいずれかになります。無意識の世界の阿頼耶識に前世が閉じ込められているると考える日本人の霊魂観を加えるならば、前世を霊のように見ているということもあり得ます。霊魂を否定する人は、単なる幻覚と言うでしょう。私はこれについては、人の考え方は人それぞれ自由であり、その霊を見ている人の感覚に従うべきだと思います。これを何らかの思想でもって「○○の霊です」とか「幻覚症状です」と断定してしまうと、霊を感じる人の心を混乱させます。

私の霊魂に対する考え方

ところで今まで述べてきたことを総合した私の考えを述べます。私は霊の画像や言葉の多くは、脳の情報整理によって生じる夢や幻覚の一種と考えます。しかし、中には脳の作用では説明できないことがあり、自分の魂や、自分の魂と繋がる、いろいろな霊魂や神々の作用もあると思います。

見えたり聞こえたりしている霊は、霊そのものではないと思います。見えるはずがない霊魂が擬人化され、脳で映像や音声に変換されて見えたり聞こえたりしていると思います。例えば海外に住んでいたような霊が大阪弁でしゃべるかもしれません。これは、霊の意識が霊を感じる人の話す言葉に変換されたためであると思います。あるいは霊が人の姿をしていることも、火の玉のことも、龍の姿のこともあります。姿が一定しません。これらは脳による画像化の結果であると思います。

なお、見えたり聞こえたりしている霊が、自分を愛してくれた親や祖父母の霊であれば、その感覚は正しいと思います。しかし、霊が生きている人の上位に立とうとする場合は、正体が不明です。

二　霊感がある人の心

幻覚と霊視の区別の困難

霊を感じる人は恐怖心が強く、恐怖心から霊の幻覚を見ることが多くあります。例えば、心霊スポットと呼ばれる場所では恐怖心に囚われます。そこに霊がいなくても、幻覚で霊を見てしまい、幻覚と霊の区別がつかなくなってしまいます。その結果、精神的な混乱が発生し、悪いように考えるマイナス思考をしてしまうようになります。従って霊を感じる人は心霊スポットに行ってはいけません。

霊を感じない人でも、自分の恐怖心から幻覚が生じやすくなります。「幽霊の正体見たり枯れ尾花」ということわざの通りです。

また、霊感や直感や直観力には波があって、常時霊感があったり霊が見えたりするわけではありません。もしも常時霊感があって霊が見える状態になれば、自分の精神が病気になります。そこで普段は霊感や直感や直観力を意識的に無くす必要があります。無理して霊を感じようとすれば幻覚に襲われます。あくまでも霊感や直感は無意識状態の時に発生します。

いじめの経験によるトラウマ

また、霊を感じる人は子供の頃から霊と会話するなど、普通の人とは異なるため、子供の頃いじめにあい、引きこもりに至った経験者が多いです。従って子供の頃や青春期に強い精神的苦痛を味わっており、それが心の傷として残っている場合が多くあります。この結果、人によっては霊感を隠し、あえて霊を感じなくさせている人もいます。しかし私が聞いてあげれば、やはり霊を感じてしまうという矛盾も持っています。霊を感じるがゆえに恐怖心が強いのです。そこで霊を認め、その前提で相談に乗ってくれる人を探します。この意味でも、同じ経験を持つアドバイザーが必要になります。

心に傷を持つ人は、他の人に理解できないぐらいに苦しみます。友人との会話や体験談から自分の過去を連想してしまい、簡単に過去を思い出して苦しむ人もいます。私も幼稚園の頃から思春期にかけて、いじめを経験し、過去を思い出せば普通の人以上に苦しんでしまいます。この現象に対する対応経験を次の節以降に記述します。

霊に関わる恐怖の発生

悪霊、幽霊、霊の憑依や除霊といった社会に広まる恐怖をあおりたてるような情報も霊を感じる人には恐怖心を与えます。これによって、体の不調を悪霊の憑依や攻撃と思い込んでしまった人がいました。心が囚われると、いくら第三者が霊の憑依を否定して心の囚われを解消しようとしてもムリです。信じ込んでしまっているからです。この場合、「憑いた霊を除く」という意味ではなく、苦しんでいる人の心が作り出した幻覚を取り除くという意味の除霊が必要になります。また、心を癒してあげることも必要になります。

敏感症という特性

霊を感じる人は普通の人よりも敏感で、ちょっとしたことでも非常に気にします。結果、体の症状に対しても敏感になり、普通の人よりも痛みや苦痛が何倍も大きい特性があります。また、人と人の付き合いから生じるストレスを強く受け、ストレスに弱く、精神的病気にもなりやすいのです。例えば、人の強い言葉や仕草や対応で恐怖心が生じると、時間とともに心の中でそれが徐々に強くなり、ついに心がイライラして制御不能になります。そして極度に高まれば、まわりに当たり散らす状態にもなります。

三　霊感がある人へのアドバイス

以上のように、精神的に敏感な人や霊を感じる人は常に魂が緊張状態であり、心の問題を持ちます。そのために心の病に陥りやすい傾向があります。意識して緊張をほぐす習慣を持たなければなりません。

心のストレス発散と明るい心の確保

趣味を持ち、趣味を楽しむようにしてください。地域の文化教室に参加することも良いことです。多くの人と交流し、心を明るくして笑う機会も増やしてください。不安のない生活がまず基本です。

毎日何か嬉しかったことを見つけて感謝してください。後に詳しく記述しますが、感謝の心が魂を活性化するうえで最も大切です。

心が癒されるような場所や心が躍るような場所を見つけ、そこに散歩に出かけ、心のパワーをもらってください。また太陽にも当たるようにしてください。

テレビをつけっぱなしで生活した場合は心が落ち着かないので、心をリラックスさせるためにテレビを消し、心を落ち着かせる時間を持ってください。音楽を聞くのも良いです。生活の中でバックグラウンドミュージックをかければ、魂がそれに同調して楽しくなり、仕事や家事もはかどります。心が苦しんでいる人が音楽を聴くだけで涙を流し、心が癒されることもあります。この場合、音楽は悩みに適合した曲があります。曲はその時に最も良いと思うものを選んでください。いつも同じ曲ばかりでは飽きてしまいます。

カラオケで歌うこともストレス発散になります。但しこれが難しい場合は心の中で歌っても構いません。音楽を心の中で奏で、リズムに乗れば楽しくなります。

健康管理

体が冷えれば足から温めるようにしてください。体の冷えも心の状態に強く影響します。ストレッチ体操やヨガや気功や適度な運動は体が健康になり、結果精神的な健康も得られます。

身の回りの清潔確保

身の回りを片付けて清潔を保ってください。例えばトイレ、風呂、排水溝、キッチンは汚れやすいので定期的に掃除してください。

「トイレの神様」を信じることは正しいと思います。部屋の片づけや掃除も忘れずに行ってください。生活環境が心に強く影響するためです。また殺風景なのも心に悪影響します。色のあるものや観葉植物や花を利用して部屋を明るくしてください。

幻覚があれば、その有効利用

目が覚めている時でも幻覚を見る場合、この幻覚を見ないように心がけても不可能です。逆に幻覚が増え、よけいに苦しみます。そこで、幻覚を楽しい幻覚に変化させます。私の場合は時々天女が舞い踊る世界に行って、心の中でピアノを弾いています。今までにない新しい音楽が聞こえ、それに合わせてピアノを弾くのです。私の場合、子供のころから自分で作詞・作曲していることもありました。幻覚があることは精神異常状態なのかもしれません。でも、精神異常を気にすることはありません。幻覚を持つ人は、そのような遊びが可能です。それこそが感謝です。心の中だけでもよいので、自分の肉体の束縛、生活の束縛から飛び出せば、いろいろな世界が広がっていきます。その探検も面白いのです。

あるがままの自分

異常な心の現象を持つ人は無理して正常者になる必要は無いと思います。あるがままの自分をさらけ出してよいと思います。正常者を装えば逆にストレスが溜まります。頑張りすぎないことです。ストレスが溜まれば声を荒げても構いません（但し先に周りの人の理解を得てください）。むしろ発散しないと本当に精神的な病気になってしまいます。

アホになる

夫婦や職場や学校などで人間関係がうまくいかない場合は非常に苦しい思いで暮らさなければなりません。その場合の心の持ち方として、アホになりきる方法があります。

私の例で説明します。私の子供の頃は、親からも、周りの人からもアホ、変人と言われたことが何度もあります。それでも、私は基本がアホと思っているために、アホと言われようが、怒られようが、「その通りです」と納得して相手に合わせていました。

賢い人はこれが難しいのです。相手から卑下されると、その場をうまく切り抜けることを考えてしまいます。あるいは相手に腹が立ちます。ところが、うまく切り抜けられません。相手に腹を立てれば相手も怒りだし、人間関係がさらに悪化します。

苦しい状況の改善を神様に祈っても、何の変化もありません。自分を改善しようとしても現実は非常に難しいのです。逆に苦しい心に囚われて余計に神経をすり減らしてしまいます。あるいは宗教的な修行をしても自分の心や魂はたいして強くならないのでやっぱり無理です。そこで、アホになりきるのが一番です。

私は人に難しいことを説明する場合でも、相手に伝わらないと思えばアホなことを言って笑わせることがあります。

笑う

私に会う人は皆笑います。死を覚悟して深刻になっている人と会っても、笑わせてしまうことが多いのです。どんなに深刻な場面でも私はアホなことを話してしまうからです。アホなこととしては次のような貧乏神さんのお話を、貧乏で困っている人にします。以下はあくまでも笑い話です。

「最近、福の神さんは皆東京に出張に行って忙しくされています。また、京都の観光地の寺の観音様は観光客相手で忙しくなって、人を守る暇がありません。地方のお寺の観音様は貧乏になり衣が破けてしまい貧乏神さんになっておられますが、暇だから確実に守ってくださいます。そこで、地方の寺にお参りして貧乏神さんに来てもらい、守ってもらいなさい。貧乏神さんがおられたら、疫病神さんや死神さんが来るのを排除してくださいます。それだけでも感謝です。また、貧乏神さんは資産を作りませんが、借金に慣れておられるので、借金をスムーズにしていただけます。このようなご利益がありますのでこれも感謝です。」

といったようなお話です。また、「貧乏神さんが増えすぎたことによる貧乏神大戦」という、貧乏を競い合うおとぎ話を即興で作ってお話することもあります。

日本の昔話にも貧乏神様のお話がたくさんあります。

笑えば心の苦しみが吹っ飛びます。

心の中の苦しみを明らかにする

人は皆、心の中の隠れたところに苦しい思いが潜んでいます。表向きは明るくふるまっても、心の芯は孤独なのです。この心の中の苦しさや孤独感を表に表して認識し解放してあげないと、自分の魂が霊になった時に表に現れます。

この方法は、まず寝ていてもよいので心を静かにする時間を作ることです。その後自分で自分の心に問いかけ、自分の心の中で会話します。問いかけの例を以下に記述します。

「↓」記号に続く答えは心の中での答えの例です。この通りでなくて結構です。

「自分の今最もやりたいことは何？　あるいはほしいものは何？」↓愛されること。

「それは実現できているの?」→だれからも愛されてない。親とも切れている。友達であっても心から分かってくれる友達がいない。

「実現できていないとしたら、今どう感じる?」→すごく孤独。悲しい。心の中のことを相談できる友達がほしい。

「では、相談できる友達がいるとして、どうする?」→やっぱり相談できない。

「なぜ?」→自分の心が弱いからかな? また、怖い。何もできない。

「何を怖がっているの?」→結局自分かな?

結論を出す必要がありません。自分の心の中で対話することで、今まで隠れていた自分の心が現れます。それだけで良いのです。まずは認識です。

論理思考による判断

霊に繋がって得た情報の真偽を判定する方法としては、それを論理思考で検証する方法があります。例えば間違った内容には論理性がなく支離滅裂です。あるいは問題解決に関係のない自己主張や自己能力誇示のパフォーマンスです。霊に繋がらなくても情報が得られるのであれば、霊に頼らない方が安全です。その情報の出所を明確にして、その情報を流用する方が効率的です。道徳的なことであれば論語を参照するのが良いと思います。

霊から得られる情報があるとすれば、それは何らかの有効な意味があり、問題解決にとっての緊急な必要事項です。

そうはいっても、この区別は非常に難しく、意味があるかどうかがわかるのは後からであり、何かを感じたときには意味が分からないこともあります。そこで、謙虚になって経験者に相談する習慣も必要です。霊を信じ過ぎれば、自分の魂が霊に支配されます。

四　良きアドバイザーを得る

沖縄のユタ

沖縄では、心配事がある人や、心の問題を持つ人や、病気で苦しむ人はユタに相談する文化があります。

ユタになる人は職業や家業の引継ぎとしてユタを選ぶのではなく、ユタになるよう啓示を受け、これを拒否して病気になり、仕方なくユタになる経験を持つ人がいます。たとえ親から引き継ぐ場合でも、病気や心の苦しみを経験した人がいます。ユタ本人が離婚・家庭不和を抱え、病気持ちで不遇な生活を送る人が多いようです。こういった苦しみを自分自身が経験しているために、人の苦しみがわかり、苦しむ人と心や魂が通じ合うのだと思います。また、その苦しみに対して第三者的に指導できるのだと思います。

ユタとなるためには、単に神事に没頭して神様のことを良く知っているだけでなく、人の救済で実質的成果を出したことが認められなければなりません。有能な人は看板を掛けることはなく、口コミで伝わっています。能力判定はユタに相談する患者様自身という方法です。人それぞれに得意分野があり、すべての問題解決に対して直観が働くわけではありませんが、それでも人の問題を聞き、悲しみや苦しみを共感するだけでも、人の悲しみや苦しみを半減させてあげることができます。

過去に琉球王朝や明治政府等から「人を惑わす」とされ、牢獄に入れられるなど弾圧を受けた歴史がありますが、現在では「医者半分、ユタ半分」という言葉があるくらいにアドバイザーとして信頼されています。医者が病気の治療、ユタが精神的な安心と生活習慣の改善という、双方で役割分担をする考えです。私はこの考えは正しいと思います。

また、病院で治療できなかった人がユタによって治療できた人が多数います。人間は見えない世界の力を信じることで心が癒されることがあるからです。私はアドバイザーとして、霊魂の概念の活用も必要であると考えています。

心のアドバイザーの特性

ユタのように、苦しむ人の心を癒すアドバイザーは、自分自身も問題を抱えた経験や病気の経験がある人です。その自分の経験に、いろいろな相談者の経験情報、先輩や同僚と共有した情報によって相談に対処します。また、いろいろな相談者と接することで直観力も働くようになります。私はこれを霊感というよりも自然界に生きる動物の勘と同様だと思います。現在では心療内科や精神科が精神作用から生じる障害や精神的な疾患を治療しますが、医学が発達した現在でもユタのような人が不要になったとは思いません。

また、ユタは先祖から続く信仰を通して先祖神の魂の守りを確信させ、安心を与えて心を癒します。また、周りから精神的な攻撃を受けている人に対して、見えない神様や霊は理解し、身近に見守っておられると信じさせ、安心感を与えます。そうすれば、苦しむ人にも行動力が生まれます。

人の心を苦しめる問題に対しては、いろいろな要因が入り組み直接的な原因が存在しないことがほとんどです。しかし人は自分が思いこんだ原因やその反省に囚われます。そして、問題解決の行動で別の問題を発生させ、余計に問題が複雑になります。この場合は、何にも囚われない第三者的な立場や人々を守る霊魂の立場で対応を考えてあげます。また、原因がわからない場合もあります。この場合は、原因分析に囚われないようにさせ、問題解決に積極的に行動させることで、原因不明の不安から解放させてあげます。

恐怖を取り除き、心を活気づける

さらにアドバイザーは霊に対する恐怖を取り除く人でなければなりません。たとえ本人が「霊が憑いている。霊が見える。」と言った場合でも、悪霊のことは言わず先祖神の守りを中心に説明します。また除霊にこだわってはいけません。霊が憑いているといったことを言えば対象者を脅すことになり、余計に不安を与えます。これによってさらに病気が悪化します。たとえ霊が憑いていてそれを除霊しても、霊はすぐに戻りますから、除霊は一時的なものでしかありません。それよりも本人の魂を強くする方が重要です。例えばこの方法として、日本には昔から、火祭りなど、できるだけ活気のある祭りをして、民衆の魂を活気づける御霊《みたま》フリという行事がありま す。これと同様に、相談者の魂に対して面白いことを言って笑わせたり楽しませたりして活気づけ、苦しいことを忘れさせます。

五　人を癒してあげる時の心得

関係する霊魂も含めた癒し

心に傷を持った人がいれば、その人だけでなく家族にも影響を与えます。さらにはその人の魂の故郷にも、そこにいる先祖神や前世にも、また子孫にも影響します。従って、人を癒してあげるということは、その人だけに対してだけではなく家族全員にも、また過去・未来の関係する人々の魂や霊を救ってあげることにもなります。

慈悲・慈愛・許しの精神で満たす

人を癒してあげるためには、まず自分自身の心を慈悲・慈愛・許しの心で満たしておかなければなりません。

慈悲・慈愛・許しから発する言葉は相手に気力を与えます。これが最も大切です。

話を聞き、感情をすべて吐き出させる

相手の人の心が苦しい時は、おもいっきり泣かせてあげます。

次に、十分に話を聞いてあげます。必要ならば背中や肩をさすったり、手を握ってあげたりしてスキンシップをとり、安心させてあげます。私はこの時、「お清め」という言葉を使って息を吹きかけてあげながら背中をさすってあげます。「お清め」は、不安という心の濁りを清めて、安心を与えるという意味です。母親が子のケガに対して「痛いの痛いの飛んでけ～」と言って、傷口に息を吹きかけ、その後傷口を手当すれば、ケガして泣いている子供が泣き止むのと同じ考え方です。

正しい所を指摘して自信を持たせる

次に、相手の考え方で正しい所を見つけて本人に認識させてあげます。そして、相手の理解者となってあげて不安を取り除き、自信を持たせてあげます。

非難を受けた人の場合は、「相手は相手、自分は自分」と考えさせます。再度非難を浴びた場

合は、その非難する人に対して反論させず、例えば「すみません。私はアホです。」と心の中で呪文を唱えさせ、そして自分の考え方を述べさせ、割り切らせるようにします。

姿や顔を明るくさせ、胸を張らせることも心を明るくさせます。化粧を明るくしたり、髪の毛をカットしたりするだけでも効果があります。

心の囚われを解消させる

相手の人は苦しいことに心が囚われてしまっていますので、良いこと、楽しいこと、好きなことを考えさせます。趣味に心を向けさせ、趣味に没頭する時間を持つことも必要です。

音楽を聴くか歌を歌うことも心を癒してくれますので、推奨する音楽を自宅で聞くように指導します。

映画やテレビ番組など推奨するものが見つかればそれも良いかもしれません。但し、これについては、私が不得意な分野なので実施したことはありません。

笑わせる

相手の人と打ち解けてくれば、冗談を言って相手の人を笑わせます。相手の人が何かに憑かれたようになっている時、この笑いで一瞬に相手の人が明るく変化し、その人が笑い続け、その後心が明るくなったという経験もあるくらいです。笑いは人を明るくするのに最も効果があるようです。

感謝の心を持たせる

相手の人に常に感謝の心を持たせることも重要です。感謝にもいろいろあります。まずは見えることに感謝することです。例えば何か助けてもらったこと、面倒を見てくれたことへの感謝です。抽象的に「いつもありがとうございます」では言葉だけになり心には何の影響もありません。具体的なことを思い出して感謝する方が効果あります。例えば親の行為に対する感謝があります。親が亡くなっておれば古い過去を思い出して感謝しても良いのです。

次のレベルは見えないことに感謝することです。見えない人の気づかいや、先祖神の守りや、神様に対する感謝です。例えば母親の愛情に対する感謝が最もわかりやすいと思います。

最も高いレベルは、問題発生にも意味があると考え、意味を見つけて感謝することです。屁理屈でもかまいません。例えば自分が非難され自分が怒ったとして、「自分に怒りの心が生じることを気づかせてくれてありがとう。」と屁理屈を付けて感謝することです。心の中は怒りでいっぱいでもかまわないのです。言葉から入るのです。無理矢理、感謝の言葉を発するのです。こういった感謝をできるだけ多く考えて言葉にするのです。この感謝の言葉を発することで心が落ち着き冷静になります。さらに愛情の心さえも生まれてきます。

相談後の心のケアのアドバイス

相手の人が生活の中で常に心を落ち着かせ、癒される方法を見つけてあげることも大切です。

例えば花を買ってあげて、育てさせたことがあります。また、部屋や住環境の清潔や美を保たせたこともあります。

健康管理も大切で、散歩、適度の運動やストレッチ体操、栄養バランスを指導したことがあります。体を温めさせるのも効果が高いです。

占いでは運命を変えるように努力させる

占いを行う場合は未来を予想する目的で行うのではなく、未来を変える努力をさせるために行います。預言も同様で、人の行動を変え、人の魂を救うために神様から預かった言葉のことです。従って運命を述べるのではなく、運命を変えさせるのが預言です。

常に守られていることを信じさせる

最後に最も重要なこととして、心の癒しは、目に見えない何かの力に守られていることを信じさせることによって可能になります。従って癒す側の人は、相手の人に対して守られていることに感謝する心へと導いてあげなければなりません。

六　魂の霊性を向上させる神々のしくみ

助ける側と、助けられる側の魂の相互作用

助けた人は、助けた行為だけで魂の霊性は向上しません。また助けられた人は、助けられた結果だけで魂の霊性は向上しません。助けた行為や助けられた状況は物理的・肉体的なものであり、形でしかないのです。ところが霊性は魂の性質であり、形ではないのです。

本来、魂の霊性の向上は魂の感動によってなされるはずです。この感動は助けた人と助けられた人の相互作用で生じます。

まず助けた人が最初に助ける行為を行い、助けられた人がこれを受けます。次に、助けられた人は、そのことに感謝し、魂から感動して笑顔が生まれ、そのことで霊性が向上します。すると、助けられた人の感謝や笑顔は、助けた人の魂にも共鳴し、助けた人も感謝や笑顔が生まれます。即ち、魂の感動は助けられた人から発し、助けた人が受けます。そして助けた人も霊性が向上します。これが魂の相互作用です。

助けられる側の感謝の心の重要性

助けた人と助けられた人双方の霊性の向上においては、助けられた人の感謝の心が重要です。助けられた人に感謝が無ければ、助けた人は救われません。

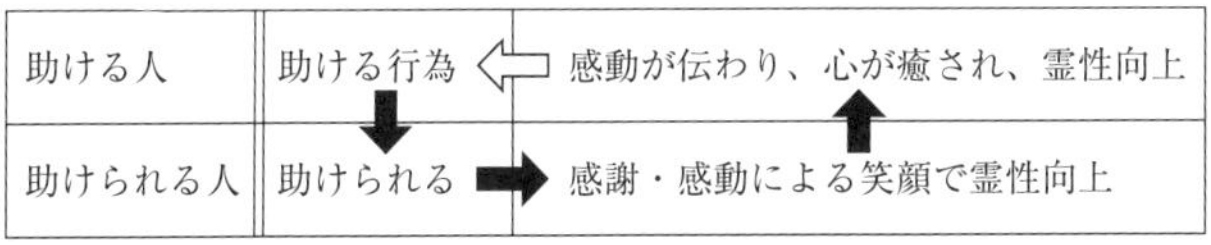

図4.1　助ける人と助けられる人の魂の相互作用

以上のことから、霊性を向上させるには助けられる側の立場の人の感謝の心が非常に重要であるとわかります。それも神様から与えられた使命です。だから神様は助ける側と助けられる側、双方の運命を作るのです。助けられて感謝し霊性が上がれば、それによって人を救えるようになります。人や神・仏に救われ、守られているという認識と感謝の心が人を救う能力の前提条件です。「ついてない」「神様なんていない」からは感謝も生じないし、神様や魂の故郷や先祖神からの支援も得られません。

霊性向上の相互作用のための積極的行動

助ける側と助けられる側の相互作用を積極的に増やすためには、自分から積極的に人々を助けることを考えなければなりません。ここで、人を助ける能力は考える必要はありません。能力が低くても構わないので、まずは積極的に人を助ける努力が重要です。理由は、能力というものは人を助ける行動によって得られるためです。

七　魂の霊性を向上させるための神々への祈り方

神様に感謝

例えば「相手が悪い」、「自分が悪い」から考え、相手あるいは自分を改善するという発想では、改善が成功しても霊性は向上しません。なぜなら、霊性を向上させる力は魂の感動であるためです。そこで、魂の感動を得るような祈りをしなければなりません。

魂の感動の原点は感謝の心です。そこで、「悪い」からの発想ではなく、感謝からの発想へ切り替えなければなりません。そこでとりあえず何でもよいから感謝することを思い出して感謝します。

自己中心の心をさらけ出す

次に神様の前で自分の心の中を見つめます。例えば神社には鏡が置いてあります。鏡には自分の姿が移ります。「かがみ」から「が」を抜けば「かみ」になるように、自己の「我」を捨てて鏡に映った自分の姿を見れば神が見えることになります。これは屁理屈です。しかし、神社仏閣の神様や仏様の前で祈る時は、まず心を静かにして、時間をかけ、ゆっくりと自分を見つめます。すると、「悪い」から発想する自分に気がつきます。例えば誰かとトラブル状態になり、人に対する怒りがこみ上げている場合は、相手の人を悪者として考えてしまいます。あるいは例えば自分が改善できないこと、自分中心的な行動をとってしまうこと、積極的行動がとれないことで自分に腹が立っている場合は、自分を悪者として考えてしまいます。何でも構いません。祈ればいっぱい出てくると思います。

神様に問いかける

次に例えば「自分の心の中に気づかせてくれて感謝します」と神様や仏様に感謝します。

次に、「問題発生によって神様は私に何かを自分に気づかせようとしてくれている。」と発想します。そして「神様は私に何を教えようとしてくださっていますか?」と神様に問いかけます。

次は自分で考えて結構ですので、考え付くことをあげて神様に問いかけます。屁理屈でも構いません。例えば「神様は、人の怒りを鎮める方法を私に教えようとされていますか?」でもかまいません。また、「ふがいない自分に気づかせ、積極性を訓練させようとされていますか?」でもかまいません。ここで、あまり長く問いかける必要はありません。例示程度で結構です。問いかけをやりだすとキリが無く続いてしまうからです。

神様の声を聞く

神様への問いかけを終えればまた心を落ち着けて、静かに神様の声を待ちます。こうすることで、自分の魂の中で隠れていた神様を引き出します。この後、問題解決方法を神様に伺います。するると、心の中から神様の声が聞こえてきます。あるいは神様の声が聞こえてこなくても結構です。「神様は何かを気づかせようとしてくれている」という考え方が心に残れば、いつか自分で気づくはずです。この「気づき」が魂に感動を与えます。そしてこれこそが神様による魂の救いです。人は人の助けによって人に救われますが、魂は祈りによって神に救われます。

守ってくださっている神様に感謝する

私たちを守る神様や魂の故郷の霊は非常に多数おられます。人はそれに気がつかないだけです。自分しかいない孤独な状態になっても、あるいは一人で生活していても、神様はすぐそばにおられます。その神様にであうには自分の心の扉を開けなければなりません。それだけです。神様を知れば孤独ではありません。このための祈りもあります。この場合は祈る場所は神社仏閣でなくても、また仏壇や神棚の前でなくても構いません。いつでもどこでも構いません。

本書の第一章二節に記述したように、私は何カ月間か、地質調査目的で山の中に一人で生活し、木や花の精霊や山の神様から助けられたことがあります。今でも時々私は見えない相手と対話することが多く、それを人に指摘され、「独り言」と答えています。これも祈りの一種だと思います。祈るということは、お願いすることではないのです。神様を身近に感じ感謝することなのです。音楽を聴きながら祈っても構いません。神様を感じることができるなら手段は何でも構いません。

八　魂を強くするには

魂の中に隠れた慈悲・慈愛・許しの精神部分を動物本能や脳の情報処理よりも優位に立たせることが必要です。優位に立たせるには魂を強くしなければなりません。その方法を考えてみます。

神様の守りを信じる

まず、どんなに苦しくても、自分の魂の中に神様がおられ、その神様が守ってくださっているということを信じることです。これによって心や肉体が苦しくても、それに耐えることができます。何度も同じことを書きますが、例えば子供の頃は親を信じます。そして親が傷口をさすって「痛いの痛いのとんでけ～」と言って息を吹きかければ、本当に痛みが消えます。なぜかといえば親の力を信じるからです。大人になれば、親とは魂の親になります。即ち神様です。

神様の立場で考え、神様のために働く

次に自分の魂の中の神様の立場で考え、そして神様のために自分が働くという決意です。神様の魂が現れれば、魂は神様のように強くなるはずです。

神様の魂は感謝の心であり、さらに慈悲・慈愛・許しの心です。即ち神様の立場に立つということは、感謝の心、慈悲・慈愛の心で考え、神様のように積極的に行動することになります。ま

た、人の過ちに対しては許し、また自分の過ちに対しては素直に謝る心も大切です。

信念

「信念」を辞書で調べると、自分の信じることと自分の行動の基礎となる態度とされます。また神・仏を固く信じることともされます。双方合わせれば、神・仏とは自分の魂の中の神・仏となり、その神・仏を信じそれに従って行動することです。即ち、以上に記述した魂の中の神様の守りを信じることと、神様の立場で考え行動することそのものです。

人それぞれに魂の中の神様は異なります。従って、人と信念がぶつかり合うことがあります。その場合は相手の信念も尊重しなければなりません。お互いの信念を認めたうえで、行動の調整が必要になります。

最近、神とか魂の話を非科学的として否定する風潮が強くなっています。あるいはオウム真理教など信者に教祖を妄信させる宗教が一時氾濫し、その反動として宗教離れが生じているともいえます。先祖や親に対する供養も永代供養にして他人任せにして、後はほったらかしにもなります。この状態が良いとは思えません。

私は「昔からの仏教を信じろ」とか「先祖の信仰を捨てるな」とかを言うつもりはありません。宗教に関係なく、自分の魂の中の神様や仏様を信じ、亡くなった人の霊を供養する心を失ってはいけないということを言いたいのです。またその心を形にしてでも子孫にも伝えた方が良いと思います。

自分の魂の中の神様を信じ、その信念に従って行動することによって、感謝、慈悲・慈愛、許しの神様の魂が表に現れ、これが魂の癖になります。すると、脳細胞が破壊されて認知症になろうとも魂の癖に従って行動できます。また、たとえ亡くなって霊となり魂の故郷に帰っても、魂の故郷の中で癖が残ります。逆に、どのような素晴らしい言葉に感動しても、それが記憶だけであれは脳が死ねば消えてなくなります。

慈悲・慈愛、許しを魂の癖にするための訓練

魂の訓練をするのに、最初から慈善活動や募金といった大きなことから始めると、自己満足目的になったり、義務感での実施になったり、名誉欲に囚われてしまったりして逆効果です。そこで最初は身近なところから始めます。例えば汚い所の掃除から始めると効果的です。汚い所は積極的な目的意識が無ければ行動に移しにくいからです。積極的に掃除することによって自ら汚い所を掃除する癖が生まれます。これが魂の癖です。ここから始めて、次に身近な人に「こんにちは」と挨拶をすること、「ありがとうございます」と感謝の言葉を発すること、困っている人を見たら手助けしてあげることといった日常の生活を改善します。これも魂の癖になります。すると、人から信頼を得て、いろいろ相談を受けるようになります。ここから、身近な人の苦しみを聞いてあげることができ、さらに人を助けることができます。魂を強くするための必要な活動

は、魂が強くなった程度に応じて神様が自動的に与えてくださいます。
また、魂を強くするためには知能は関係ありません。アホでもよいのです。むしろ賢いと自分を他人より優位に思ってしまい、他人を見下げてしまいます。これでは魂は動物レベルです。頭が良い人は、それは神様から頂いた能力です。アホになって神様のため人のために使わなければなりません。

宗教を信仰する注意点

私は、宗教とは神様の愛や自分中心にならないための教えを得て、積極的に行動するために利用するための道具と思っています。従って、宗教で言葉に感動すること、地位や褒美や能力など特別な何かをもらうことでは魂が強くならないと思います。あくまでも自分の魂を強くするのは、自分の主体的な行動による自分の訓練です。

信仰者の集団生活や交流でも信仰者がすべて素晴らしい魂とは限りません。またその魂のレベルは見えません。悪い人がいれば、それに引きずられることさえもあります。例えば盲信は周りの人の魂のレベルまでも落とします。また、無鉄砲やがむしゃらな行動では人に迷惑をかけます。相手のことを考えないで、自分しか見えていない信念や積極的行動では魂を弱くしてしまいます。

反省すべきは失敗よりもやらなかったこと

宗教に関係なくても、自分中心的な行動をすれば魂を弱めてしまいます。そこで、自分の言動に対する観察、良い悪いの判断、反省、改善計画、実行、有効性のチェックといったサイクルが必要です。ここで、反省すべきは失敗ではなく、やろうとしてやらなかったことです。失敗は繰り返すものです。失敗であきらめないことです。失敗が多ければ、いつかは成功します。ところが、やろうとしてやらない場合の方が魂の改善や向上が不可能になります。また、それによって後悔の念が発生します。

決断する方法を決める

また、二者択一の問題解決の場合、どちらを選択しても損が発生します。決断しなければ、前に記述したように何も対処しなかったことを後から後悔します。どちらかを取る決断をした場合でも、発生した損に対して後から後悔します。どのようにしても、後から後悔の念が発生します。

ターミナルケア（終末医療）を行っているお医者様から聞いたことですが、人が終末期になると、今まで忘れていた過去の失敗や怒りを思い出し、失敗の後悔や怒りで苦しむ人が多いそうです。後悔や怒りを持たないで亡くなる人は安らかなのですが、後悔や怒りの念を強く持ったまま亡くなる人はかわいそうということです。私は、亡くなって霊になれば、この念を引き継ぐと思います。

ここでまず、後悔について考えます。後悔が無い人生を送るためには、自分としての決断の方法を先に決めることです。その方法に従って決断した場合、損が発生しても、それは後悔にはなりません。決断する方法としては自分の最も大切にすることを明らかにすることや価値観を持つ方法があります。なお、これが難しい場合には、信頼する誰かを決め、その人に相談する方法でもよいと思います。これが良きアドバイザーを持つということです。

後悔の念が存在する場合の対処

現在後悔の念がある場合は、過去の自分を許して感謝します。これについて私の例を記述します。私も後悔するような失敗がいっぱいあります。その中での最大の失敗は大学の時です。学生運動が盛んであり、最初は私も参加しました。ところが過激な行動に対して「何か変」と感じ、過激派学生に反論し、過激派学生から追いかけられる身となりました。ここまではよいのです。この先で失敗をしました。何と、中核派のアジトに「間違っている」という張り紙をしたのです。このような張り紙をしても何の効果もなく、逆に相手を怒らせるだけです。しかしこの時は正義感だけが勝ってしまい、自分の行為の結果について考えることができなかったのです。当然の如く、私はアジトに強制連行され、長時間、多人数に囲まれ、つるし上げを受け、殺されるとさえ思いました。とりあえずは、その場を切り抜けて助かりましたが、人に囲まれると恐怖が生じるトラウマ（心の傷）を作ってしまいました。これを思い出せば最悪です。トラウマを作ったのは過去の私です。

そこで対処です。過去の私に対し、屁理屈を付けてでも許すしかありません。今の私であっても、何かに囚われて夢中になってしまうことがあります。従って何かに囚われて周りのことが見えなくなるのは今の私も同じであり、それを批判することはできないはずです。また、私はいつまでたっても基本的にアホであり、間違うことが多く、失敗ばかりです。そして、これらを気づかせてくれたのは過去の失敗です。これに感謝するのです。

このように、他の過去の失敗も思い出しながら許して感謝します。死ぬ間際に後悔の念に囚われないための事前準備であり、しかも、これによって謙虚さを維持することもできます。

怒りが存在する場合の対処

他人への怒りに対する対処も同様です。不正に対して怒ることは正常です。これが無ければ社会が奪い合いになります。必要なのは、自分が同じ状況に出くわした時、自分も同じ不正を犯さないかを自分に問いかけることです。多くは、不正をした相手を一〇〇%非難できないはずです。不正をしたことが無い人はいないはずです。私も過去の私の不正を山ほど思い出します。必要なのは不正ではなく、自分の心の中に隠れ、自分に不正をさせる悪魔の認識なのです。この悪魔は脳の自己防衛機能から発生することがあります。これが周りを見えなくさせ、自己中心の行動を生み、不正につながります。

この悪魔から自分の魂を解放するために、全ての怒りを見直すのです。自分の心の中にも潜む悪魔に気づけば、加害者を一方的に批判することはできません。これが「許す」ということです。許す心で怒りを収め、そして神様に「自分を考える機会を与えてくださりありがとうございます」と感謝します。こうして死ぬ間際に怒りに囚われることから自分を解放します。また謙虚さを維持することもできます。

心の中の見直しによる心の清め

以上のように、過去の失敗や怒りを認識しなおすことが必要です。失敗や怒りに対しては改善まで至らなくても良いのです。心の清めとは、自分の心を明らかにすることが原点です。日本の古代では、自分の悔いる過去や悪い思いや怒りのすべてを明らかにすることで神様から許しが得られ、心が清まるという祓《はらえ》の考えや風習がありました。大祓はその中でも国家的に行っていた行事です。心の中の善も悪もすべて明らかにすることで、神様の力によって自然と善はより強く、悪は消えると考えます。私はこの考え方は正しく大切な風習だと思います。そして、古代日本人の風習を現代に取り戻すべきだと思います。

改善には行動も必要になります。例えば怒ったことで人に迷惑をかけた場合は、迷惑をかけた相手に素直に謝らなければなりません。「謝る」ということも積極的な行動であり、魂を強くします。また、謝ることが魂の癖になれば、「許す」という神様の魂も現れます。

魂を弱くする言葉への注意

魂を弱くする言葉を発し行動をすることも注意しなければなりません。これには次の二つのことがあります。

①人から攻撃された言葉に対して自分が反撃する言葉

「売り言葉に買い言葉」という状況のことです。人から罵しられると、自分も同じ言葉で相手を罵ってしまうことがあります。この場合は、貝のように口を閉ざし黙っておく方がましです。決して相手にのせられないように、自分の魂を強くしなければなりません。

②人々が誰かを攻撃する言葉や行動に、自分ものせられて発する言葉や行動

周りの人全員がふざけると自分ものせられて同調することがあります。単なるふざけであれば遊びとして問題はありませんが、人を攻撃する言葉や行動であれば自分の魂も悪に染まります。特にお酒を飲んだ時にこのようなことが発生しやすいので注意しなければなりません。この場合は周りの人に同調せず、自分の意志を貫くことが必要です。周りが悪い言葉を発するか悪いことをすれば、これを制することです。また、多数意見やマスコミの意見も正しいとは限りません。そこで自分の信念を明らかにしなければなりません。信念が無ければ簡単に多数意見に乗せられてしまいます。

九　信念を持った英雄

本当の英雄とは

例えば学校では徳川家康は英雄扱いです。徳川家康から経営を学ぶという考え方さえあります。しかし英雄とされる人に迫害された人々もいました。例えば単にキリシタンというだけで数千人が凄惨極まりない拷問をされ殺されました。また島原では三万人が殺されました。殺された人には女性も子供も含まれます。学校ではキリシタン弾圧のおかげで植民地にならなかったと教えますが、私はオランダによるポルトガル排除作戦に乗せられただけと思うのです。そもそも植民地は交易の要衝地にありました。これに対して日本はヨーロッパから見て辺境の地です。交易の相手と考えても植民地化する必要はありません。このような歴史を考えれば、果たして英雄とされる人の魂が高潔であるといえるでしょうか。むしろ名もなく殺された人々の魂の方が高潔であったかもしれません。あるいは英雄とは戦争で勝った者ではなく、自分の信念を貫いた者だと思います。その意味で迫害され殺されたキリシタンの方が信念や信仰を捨てず、魂が強かったと思います。

あるいは戦争で負けて傷ついた人々を命がけで助けた人もいます。私の父方の先祖は鳥羽・伏見の戦いで傷ついた会津兵を薩長軍から命がけでかくまい、傷を治療していたとのことです。先祖から伝えられた話では、薩長軍は傷ついて戦えない会津兵であっても殺害していたということです。また会津兵をかくまっていることが薩長軍に知れれば、かくまった家族も賊軍とされ、全員殺されたということです。本当の英雄は一般に言われている人々かどうか根本から考えてみる必要があると思います。

十　何のために生まれてきたのだろう？

苦しみを乗り越える

生まれてきた目的は、苦しみを乗り越える魂の訓練によって、自分の魂の霊性を向上させ、魂を強くすることだと思います。何の問題発生もなく、何の苦労もなく地位・名誉・財産のいずれかを得る人がいます。このような人は悪いことを考える必要は無く、対応する人にはいつもニコニコして礼儀正しく対応します。また慈善事業も行います。まさに善人です。ところで、善と魂の強さは関係がありません。例えば善人であっても、急に地位・名誉・財産が失われ、人から非難されるようになれば怒り狂う人がいます。この場合は魂が弱いままということになります。また自分中心に行動すれば霊性が低いといえます。

人が亡くなって霊として残るのは、生きていた時の魂の部分で、善人という形は消えます。即

ち、地位・名誉・財産を増やし、それで慈善事業をすることでは、魂の霊性を向上させること
も、また魂を強くすることもできないのです。

もしも人生に困難が無ければ、自分の魂の状態が不明のまま亡くなります。霊になって初めてその状態がわかります。そちらの方が不幸です。

むしろ問題を抱え、苦しみにあえぎながらも、神様や助けてくれる人々に感謝し感動することで魂の霊性を向上させ、さらに問題に積極的に立ち向かって魂を強くする方が霊となった後は幸せです。また人々を救う力も持ちます。

生まれ変わりについて

もしも霊性が低く、その力も弱ければ、仏教ではその霊性にあった生物に生まれ変わるとします。即ち霊が先祖神に溶け込むとしても、先祖神の中での低いレベルの霊界に行き、そこから生まれるのは動物の魂かもしれません。

但し動物として生まれても、仲間を助ける努力で魂の霊性を向上させ、魂を強くすれば、その霊が集まった先祖神から心の清い人間が生まれると思います。

大切なのは涙の数と信念

人生ではいろいろな問題が生じます。問題を抱え続け、問題解決できないまま亡くなることもあります。それでもかまいません。必要なのは問題解決に対する積極性と、感謝と感動の涙の数

であり、自分の魂の慈悲・慈愛・許しの精神部分を広げることです。まさに、作詞：岡本真夜、真名杏樹、作曲：岡本真夜の「TOMORROW」という曲の「涙の数だけ強くなれるよ」という歌詞そのものです。

霊的な手段に頼らない

問題解決を霊能者に頼っては自分の魂が鍛えられません。例えば除霊や浄霊などの霊的な手法が有効であると仮定しても、これらは今発生している問題の緊急対処でしかなく、自分の魂自体は強くなっておらず、そのため後から後から次々と問題が生じ、根本解決にはなりません。

人の助けを得る

最終的には自分の魂の力で心の苦しみを解決しなければ根本的には解決しないのです。魂の成長には心の苦しみがつきまといます。苦しい中、自分の力で自分の魂を脳の情報処理や肉体の束縛から解放しなければなりません。それに気づかせてくれる人に出会い、その人の魂の助けのもとで自分の魂の訓練ができれば幸せです。

魂の故郷の霊性向上

もしも自分の魂を強くした後で魂の故郷に帰れば、そこから生まれる新たな魂の目的は、他の人々の問題解決を助け、人々の魂を肉体的な束縛から解放してあげることに変化します。

なお、助ける人の魂でも今生きている人の魂を強くするための訓練は待っています。例えば、お釈迦様であってもイエスキリストであっても、若い頃は普通の人以上の魂の訓練を受けています。これは、人々の苦しみを共有して初めて人々を救うことができるためです。

人々を助ける人としては、単に人々の問題解決をするだけではなく、人々の魂の霊性を向上させ、強くしてあげなければなりません。このためには、自分自身も神様への感謝、神様の立場での行動をしなければなりません。また、人々の苦しみ、解決の喜びを共有することも必要です。

十一　自分の魂を知る方法

非難された時の反応

自分の魂の状態を知るには、人から非難された時が最もわかりやすいのです。神様を中心に考える魂の人は、非難している人をかわいそうに思い神様に頼んで非難する相手の魂の浄化を助けようと考えてしまいます。これはイエスキリストを見習うわけではないのです。非難する相手の人の心の中や、それによって生じるであろう将来の問題を瞬時で直感として感じ取ってしまうからです。そのために無意識のうちにこの現象が生じます。これは自分でも理由がわかりません。自分のことよりも人のことを優先して考えてしまう癖がついてしまっているからです。自分を中心に考える魂の人は、怒りがこみ上げ相手を非難し返し、自分を正当化します。この他中間段階ですが、非難を受けることによって、その場や非難する人から逃げようとする人がいます。非難を非難と思わない楽天的な人もいます。非難の先制攻撃を常に行って、非難されるのを回避している人もいます。対応は人によって様々です。これは魂の性格による差です。魂にはいろいろな性格があっても構わないと思います。但し、自分中心の性格であれば、その魂は苦しみから逃れられないということです。

認知症になった時

脳が破壊されて認知症になったときにも魂の性格や癖がわかります。魂の性格や癖は、健康な時の記憶力や知能指数と関係がありません。従ってどんなに賢い人でも、認知症になり、あるいは亡くなって霊になれば、最後に残るのは魂の性格や癖だけです。元気なうちしか魂の訓練ができません。

魂の霊性が高く強い人は認知症になっても人から好かれ、いつもニコニコして好かれます。脳細胞が破壊されて脳による記憶、思考が困難になっても、魂が心身をコントロールするためです。

魂の霊性が低く弱い人は頑固で短気になり怒りやすく、また食欲等の動物的な欲に固執します。魂が動物本能と同じになるか、脳の情報処理に支配されるためです。

魂の状態を知るチェックリスト

自分の魂の状態を知るためのチェックリストを入れておきます。

・カッとなったことがそのまま言動に出てしまうことはないか。

（カッとなるのは正しい反応ですが、癖としてすぐに抑えられること）

・口では優しい言葉で話しているが、心の中では相手を卑下してはいないか。

・自分は正しいと思いこんで相手を言い負かしてはいないか。

（相手の話しをよく聞いて理解することが重要）

・「正しい」と思うことを押し付けていないか。

（「正しい」とされることでも、時と場合では間違っていること、使えないこともあり、自分で確認してから適用しなければならない）

・若い人、いまいちな人であっても相手に礼をもって接することができるか。

・自分の能力に慢心していないか。

・相手の良い点を発見でき、悪い点を許すことができるか。

・恨み・妬み・嫉妬・怒りの心を、心の隠れたところで持ち続けていないか。

（これらの心が生じることは自然であるが、早く解消するように努力すること）

十二　新しい信仰の考え方

現在の課題

現在では科学が発達し、不思議な現象を論理的に説明できるようになりました。さらに、単に呪文を唱えても何の変化もないことを現代人は良く知っています。過去に宗教が政治に利用され思想統一、迫害が生じたことも知っています。即ち、現在は過去の聖人が出現した時と比べ、一般市民は賢くなっています。そして国際間や地域の人々の交流が活発になり、いろいろ考え方の人が共存する世界になりました。例えば日本国内だけを見ても地方によって神様や霊に対する考え方や祀り方が異なります。ましてや世界を見ればイスラム教、キリスト教、ヒンズー教、仏教、ユダヤ教など多数の宗教の考え方の人々が混在して交流しています。こうなれば宗教・思想の統一は不可能であり、逆に危険です。例えば、非常に能力の高い霊能者の言葉や、非常に論理的で詳細な霊魂観が出てくれば、それこそが正しいと思い込んで多様な考え方を排除してしまうことがあります。しかし、これこそが逆に危険思想になるのです。宗教や霊に関しては科学的証明が不可能な分野であるため「正しい・間違い」という考え方を排除すべきなのです。

人に教えを合わせる

そもそも宗教は人間の考えた概念です。何が正しいかを解き明かすという考え方こそが無謀だと思います。但し神様や霊の考え方を導入することで解決できる問題があるという効果があります。ところが、問題解決への有効な利用方法は人によって異なるのです。人に合わせなければならない分野なのです。私の経験では、ある人に成功しても別の人には成功しないことが多くあります。そこでその人に合った方法を試行錯誤して探すことになります。

即ち、神様や霊を否定してばかりでも効果が無く魂の救いもありませんが、神様や霊の考え方を特定すれば、これも弊害が生じるわけです。人に合わせることが基本なのです。

神様の立場で考える

真の神様に対する信仰や忠誠を考えるには、神様の立場で考えてみることです。神様はいろいろな考え方の人々すべてに平等な存在です。慈悲・慈愛・許しとは神様の魂です。すべての考え方を認めることを出発点にしなければ神様に近づけないのです。

宗教を人に合わせた例が日本の仏教です。いろいろな仏教思想が日本に入ってきましたが、昔からの日本人の習慣や考え方や宗教を取り込みました。さらに日本でいろいろな仏教宗派が生まれましたが、これも共存し、お互いに交流しました。信者様も住む所が変われば、「郷に入っては郷に従え」で地域の檀那寺に従います。このような共存の仕方も一つの方法です。あるいは一人の人がキリスト教も、仏教も、何でも信じるという形態もあります。そういった信仰が生まれてきても良いと思います。

十三　心の救い

次の絵は私が問題を抱えて悲しむ人、苦しむ人に配った絵です。これらの絵は私が子供の時から常に私に指示してきた「私の神様」の指示で、その声の主のいろいろな姿を描いたものです。そして、私の相談者がこの絵に描かれた仏様に毎日感謝する心を持つことで、問題が解決されたり、癌などの病気の症状が改善されたり、心が癒されたりしました。うつ病が治った人もいます。悲しむ本人が仏様に感謝する一〇％の自力努力の結果、神・仏の世界からの九〇％の他力で効果が出たと思います。

絵自体に神様や霊が宿ってはいません。破って捨てても祟りはありません。但し、絵から受ける心や、絵を道具として神・仏に感謝することが心を癒します。そのための絵としてここに掲載します。

仏様の絵

以下に示す絵はコピーして身近に置いて見るだけでもかまいません。心が苦しい時に使ってください。また、それぞれの絵の意味も書いておきます。

・如来の絵

蓮を差し出している仏様は、足元にあった蓮の生命力を分けて与えてくださっています。人

間には仏様が見えませんが、仏様はいつでも生命力を与えようとしてくださっています。人はそれに気づかず、自分の身の回りに生じることばかりに心は囚われています。この仏様に気づくだけで生命力を受け取ることができるのに、もったいない話です。心の囚われを無くしてください。

・観音菩薩の絵

観音様は知恵の仏様です。努力、頑張り、愛、いずれであってもこれだけでは結果が生まれません。五つの知恵を使いなさい。そうすれば、不可能と思えることでも自然に可能になります。五つの知恵は、別に書いておきます。

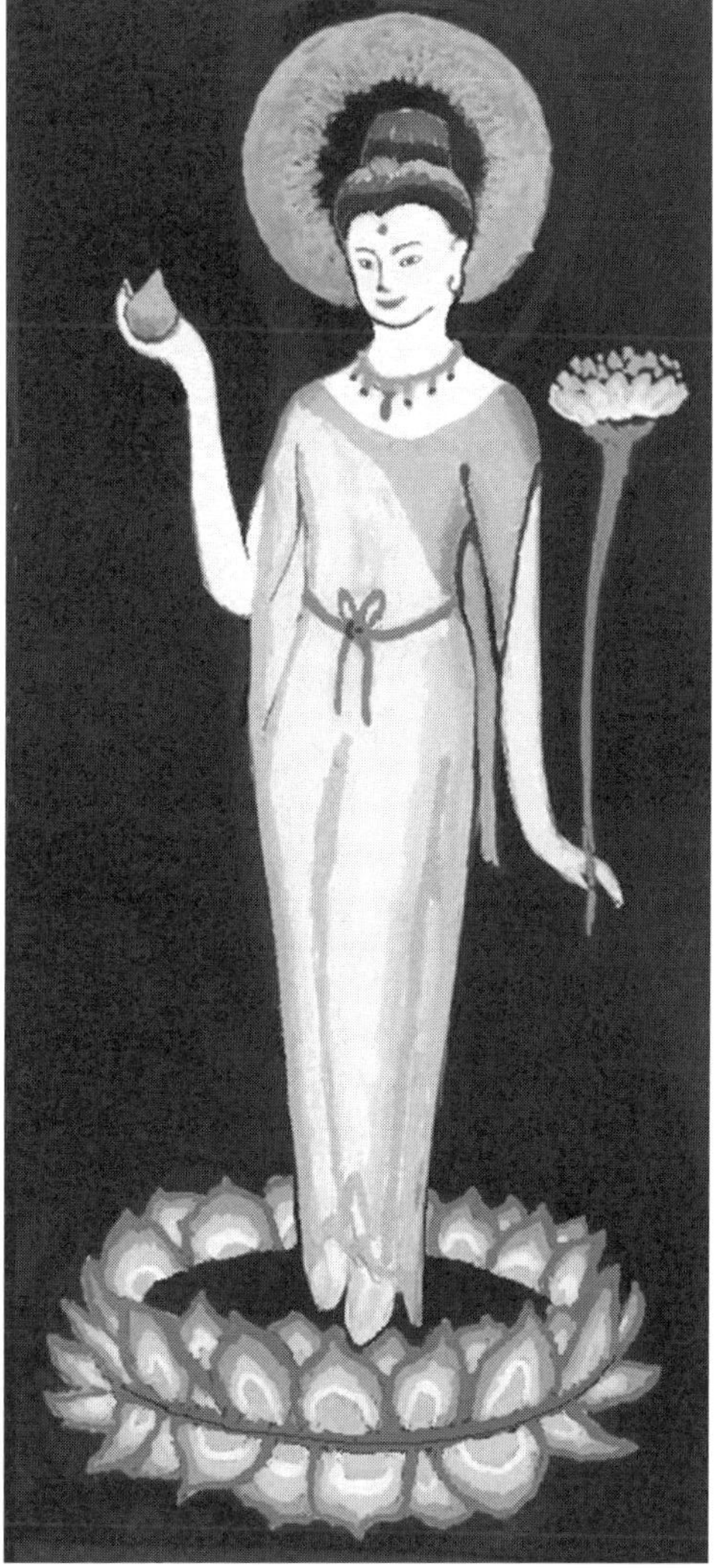

・不動明王の絵

不動明王は不動の信念を表します。体に病気がある場合は、この炎が病気を燃やします。病気のあるところが炎で燃えるようにイメージしてください。

仏の絵を活用する時は、難しいことは考えなくて結構です。毎日何か一つ感謝することを見つけて仏の絵に感謝してください。

五つの知恵

観音様の五つの知恵について書いておきます。これは達磨大師が弟子の慧可《えか》に伝えた次の句に従います。

「一華開五葉　結果自然成」

意味は、「一つの花は五つの知恵の花びらを開いて咲く。この花が咲くという結果は自然に成る」と私は解釈します。

この中での五つの知恵は次の通りです。

一、何にも囚われずありのままに観察する知恵。

最初はまず小さなことも平等に、ありのままに観察します。

二、隠れた真理を探る知恵。

隠れた真理・本質を探る知恵です。相手の立場・意識を知ることも必要です。

三、相手に変化を望むのではなく、自らが主体となって変化する知恵。

自らが主体となって行動する知恵でもあります。

四、計画・行動・確認で目的達成する知恵。

計画的な行動や確認だけでなく、第三者に相談して意見を聞くこと、助けてもらうことも大切です。

五、不動の信念を持ち、それを基礎に状況変化に柔軟に変化して対応する知恵。

自分の信念を持ち、人の批判に惑わされず、しかし、変化には柔軟に対応する知恵。

五つの知恵によって感情に囚われてしまい精神的に参ってしまうことから守られます。なお、五つの知恵すべてを使う必要はありません。どれか一つを選んでも良いのです。例えば観察に徹するだけでも構いません。怒りや悲しみの感情が生じた後で良いので、自分の感情を観察して笑います。あるいは自分の心を苦しめている状況や対象のものを観察し、それが自分の心を支配していることを観察して笑います。すると、誰にも支配されない本来の自分があることに気づきます。あるいは、笑いが悪い感情を解消します。

四つの心がけ

本来、人間は素っ裸の無一文で生まれてきました。それが今では何かに囚われてしまい、心の病に至ろうとしています。何に囚われてしまったのでしょう？　また、本来のありのままの姿の自分とは何なのでしょう？

最終的には人間は必ずあの世に行き霊しか残りません。生きているうちに魂に正しい癖をつけ、霊だけになった時に安心できるようにすべきなのではないでしょうか。

自分の魂に正しい癖をつけるためには、次の四つのことを心がけてください。

まず、自分の命や魂を神様からいただいたことに感謝してください。そして感謝の表れとして肉体は定期的に病院でメンテナンスをしてください。これによって、神様・仏様への感謝の気持ちを魂の癖にしてください。

次に、「こんにちは」といった挨拶、「ありがとう」といった感謝の言葉を人にかけてください。人への感謝の気持ちは「おかげさま」という言葉に繋がり、人への敬意の心につながります。これによって、人への感謝、敬意の気持ちを魂の癖にしてください。

次に、便所・排水溝など汚い所の掃除をしてください。汚い所の掃除は自分の意思が必要です。自分の意思を強くして、人のために積極的に行動することを魂の癖にしてください。

次に、人に迷惑をかけたり不正なことをしてしまえば、相手の人や神様に謝ってください。自己の正当性主張は後の後です。また、時々自分を振り返り、間違ったことがあれば神様に報告して間違った自分を許してあげてください。これによって、謝る心、許す心を魂の癖にしてください。

このようにして魂を訓練すれば、たとえ自分が認知症になっても、またあの世に行っても、その魂は永遠です。それが本来の魂のあるべき姿です。

あとがき

不思議なもので、私の周りに集まる人は皆、苦しみを背負っています。そして皆が「当たり前の生活」を望みます。でも、なかなか解決しません。次から次へと新たな問題が発生します。これらに対して私自身に問題解決能力があるわけではありません。ただアドバイスするだけです。

人間は何のために生まれてくるのでしょうか？　仏教では様々な前世の因縁を解消するため、前世の苦しみを背負い、それを耐え抜くためと説いています。さらに単に耐え抜くだけでなく、知恵を使って処理していくことで因縁解消すると教えます。

苦しみの多い人ほど、多くのことを前世や魂の故郷や先祖の神々から期待されていると言います。これらの魂や神々から見れば、「当たり前の生活」の人よりも、苦しむ人に期待し、その人を必死で応援しているということです。でも、これらの魂や神々からの応援の声がこの世の人に届きません。そこで、信仰とか信念が必要になります。

日本人は戦争で多くの親、子供を失いました。それでも耐え抜き、疲弊することなく今の繁栄を築きました。その根底には古代から続く信仰がありました。先祖の神々、亡くなった人々の霊、自然物の中の精霊が自分を守ってくれているという信念。それが人間本来の心です。古事記の中にも自然の精霊、先祖の神々の守りが書かれています。これは日本では仏教の中で受け継がれました。そして、それが日本人の心の基礎になりました。

苦しい時こそ、この人間本来の心を思い出すべき時です。前世、魂の故郷、先祖の神々、自然の精霊の守りを信じるしかありません。どうしても「当たり前の生活」と今の自分を比較してしまい、「当たり前の生活」を望んでしまいます。しかし、これらの魂や神々は、今の私たちに対して「当たり前」を続けるよりも、今の苦しみを乗り越えることの方を期待し、それに対してこれらの魂や神々が守っています。そこで、これらの魂や神々の期待に応えることの方に集中してみてはどうでしょうか。また一瞬一瞬、これらの魂や神々の守りを感じてみてはどうでしょうか。これらの魂や神々は遠くにいるのではなく、今まさに自分の魂の中で「ガンバレー」って応援しています。それを信じるのです。見えない世界ですが、見えなくてもそれを信じることです。

また、昔はお寺で霊魂のお話をし、神様や仏様の教えを子供たちに説き、子供たちに霊魂を考えさせる機会がありました。しかし、今では入試試験で勝つことだけが重要視され、霊魂について考える機会は奪われました。この結果、現代の人ほど、死んだらどうなるのか、霊魂はあるのかどうかを学びたいと思っています。そのような状況の中で新興宗教によって人々が洗脳される事件が多発しました。現在でも霊魂の情報が氾濫し、どの情報が正しいのかわからない状況です。また妄信する人もいます。これらを正しく考えるための教育がこれから重要になるのではないかと思います。

以下、私のメール連絡先を記述します。質問や悩み相談などがあれば、メールしてください。できるだけ対応したいと思います。また、四章十三の「心の救い」で掲載した仏様の絵のカラー・JPEGファイルが欲しい方もメールしていただければ、この絵の添付ファイルをつけて返信します。なお多数が重なった場合は、遅れることがあります。

メールアドレス：isaka@mtd.biglobe.ne.jp

本書を書くにあたり、奈良県立図書情報館館長の千田稔先生の御支援をいただいたことに感謝します。

また中国の思想については、元中国国立吉林省病院中医科教授、現東方健康研究所所長、王万明先生にご教授をいただいたことに感謝します。

また、本書の刊行にあたっては、東方出版会長の今東成人氏の御援助に深く感謝の意を表します。

著者略歴：

一九五二年京都市生まれ。現在、奈良市在住。

地質学研究の後、地質コンサルタント会社にて地質調査、土木設計リーダーを経験。その後、ＮＥＣグループ会社にてスーパーコンピュータの研究開発リーダー、技術開発プロセス改善活動を経験。独立後も各社の技術開発プロセス改善コンサルタントや品質管理教育を行う。専門は構造力学、スーパーコンピュータの回路制御、大規模数値計算、複素空間を含む特殊関数論、技術開発組織の改善研究。

現在、有限会社カルチベート代表取締役社長。

著書に、『建設業のネットワーキング』、『実際に役立つ土木設計プログラムシリーズ』１巻～５巻（山海堂）、『ｍｙ設計プログラムシリーズ　仮設矢板』（山海堂）、『ソフトウェアプロセス改善と品質保証の実際』共著（日本テクノセンター）、『ソフトウェアのグローバルな外注管理とその実際』共著（日本テクノセンター）、『ソフトウェア設計・レビュー・テスト現場ノウハウ集』（トリケップス）など。

国際学会活動「INFORMATION　An International Interdisciplinary Journal」の編集委員経験（専門：数値シミュレーション）。

霊魂と共に生きる

2018年5月16日　初版第1刷発行

著　者　井　阪　秀　高
発行者　稲　川　博　久
発行所　東　方　出　版（株）
〒543-0062 大阪市天王寺区逢阪 2-3-2
TEL06-6779-9571　FAX06-6779-9573
装　幀　寺　村　隆　史
印刷所　亜細亜印刷（株）

ISBN978-4-86249-326-2